不登校ゼロ、
モンスターペアレンツゼロの
小学校が育てる

21世紀を生きる力

木村泰子・出口 汪 著

水王舎

はじめに

大空小学校は、「みんながつくる　みんなの学校」を合言葉に、「自分」が学校をつくっています。

「学びの主体である子どもが　自分が学ぶ学校を　自らつくる」
「保護者が　自分の子どもが学ぶ学校を　自らつくる」
「地域住民が　地域の宝が学ぶ学校を　自らつくる」
「教職員が　自分がはたらく学校を　自らつくる」

私たち教職員には、専門的な力も必要かもしれません。しかし、もっと大切なことがあります。それは、子どもの前にいる社会人としての自分、大人としての自分、人としての自分があり、その次に教職員の自分があると、肝に銘じることです。さらに、教頭や校長は教職員である自分の次にある分掌に過ぎません。

「学び」の本質は、すべての人と人が、対等な関係の中でしか生まれません。

授業が上手だとか、子どもが理解できるといったテクニックも、もちろん大切です。しかし、そこに目が向き過ぎると、教職員としての自分の力量ばかりが気になります。また、周りの先生たちと自分の「差」が気になってしまうかもしれません。ともすれば、自分の思い通りに動かない子どもは、「子どもの方が悪い」と考え始めてしまいます。

目の前の子どもが背負っているリュックサックは、大きさも形も重さもすべて違っています。それが象徴するように、目の前の子どもの未来も一人ひとり違っているのです。

そんな多様な価値観を持ち、限りない可能性を持つすべての子どもに、「多様性こそ進化の原動力」と言われる時代を生き抜く力を一人の教員が担えるはずがありません。もし「しなければならない」と思っているとしたら、子どもも自分もしんどくなってしまうでしょう。

学校は、子どもが子ども同士学び合う場です。さらに、子どもと大人が、大人同士が、人と人が学び合う場が学校なのです。

「すべての子どもに必要なこととそうでないこと」を見極めることが、今の学校現場に必要なことではないかと痛感しています。

どんな特性や個性を持っていても、それがその子の「その子らしさ」です。
その特性を排除するのではなく、長所に変えるのが「学校の仕事」です。
学校に安心して学ぶ居場所があれば、学力は「子ども自らが獲得」します。
「すべての子どもの学習権を保障する学校をつくる」ことが公立の学校の使命です。

「いいものはいい」「おかしなことはおかしい」と、自分から自分らしく考えを出し合い、教職員同士が互いに自浄作用を高めながら、「一人の子どもを全教職員で多方面から見つめ育む」学校現場になるよう、子どもの周りにいるすべての大人が、そんな学びの場を支える一人の「人」に、ほんの少し変わるだけで、大きく空気が変わるものです。

できないからやめるのではなく、どうすればできるかをいつもみんなで悪戦苦闘していると、うれしい時も困った時もなぜか「楽しい」って感じます。

みんなで学校や学びの場をつくるって楽しいですよ。

「学びは楽しい」ことを、この本を手にしていただいたあなたから、目の前の子どもたちに、ぜひ伝えてあげてください。

木村泰子

●目次

第2章 「21世紀型学力」を養う教育とは——出口 汪

第3章 学校は学び合いと育ち合いの場所――木村泰子

第4章 生きる力を支える論理力――出口 汪

第5章 対談 21世紀を生きるための教育とは

出口 汪×木村泰子

第 1 章

「みんなの学校」のつくり方

木村泰子

みんながつくる、みんなの学校

子どもたちが「小学校で身に付けるべき力」とは何か。

私は2015年4月、大阪市立大空小学校で9年間校長として過ごした日々を最後に、45年間の教員生活にピリオドを打ちました。しかし、今でもその問いには、確信を持ってこう答えます。

社会で生きてはたらく力

退職直前の2015年2月に公開された映画「みんなの学校」は、まさにこの「社会で生きてはたらく力」を、さまざまな個性を持つ子どもと教職員、さらには地域の人たちが、共に学び合い獲得していく日々を追い、綴ったドキュメンタリー映画です。

そしてそれは、私たちの予想を超えて、日増しに上映館が増え、さらには上映期間が延長され、映画館での公開が終了した今もなお、全国で自主上映会が毎週のように開催されています。私自身も全国を飛び回り、大空小学校で私たち教職員が子どもたちと学び合った毎日を、みなさんにお伝えする日々が続いています。

このように、大空小学校に多くの方が関心を寄せてくださることは、もちろん喜ばしいことかもしれませんが、一方で、私たちにとっては当たり前のことを、当たり前に行っていた一公立小学校の取り組みが、ここまで話題になることに問題意識を抱かずにはいられない、というのが本音かもしれません。

映画になるという話を聞いた時、「こんな普通の小学校の日常を映画にして、誰が見るんやろ」と、職員室で話題にしていたくらいです。

よく**「学校は社会の縮図」**と例えられますが、子どもにとって**自分たちが通う地域の学校は、まさに「小さな社会」**にほかなりません。であれば、学校に地域の人たちがいなければ、それは社会の縮図とは呼べないでしょう。

同時に教職員が、学校の中だけに目を向けていたり、未来を意識せず、今の社会しか見ていなかったりしたら、やはり社会の縮図にはなりえません。

子どもたちが、社会で生きてはたらくための力を獲得するには、学校は、将来子どもたちが実際の社会に出ていく前に、たくさん失敗し、やり直しができる小さな社会でなくてはならないのです。

そのため、大空小学校が開校時にこだわったのは、そこにたずさわる教職員はもちろん、そこに通う子どもたち、さらには保護者や地域の方一人ひとりが、**自分たちの地域の学校を一緒につくっているという意識を共有**することでした。

そしてその思いは、教職員、子ども、保護者、地域の人たちが日々通う学校の校門の壁に、次のような言葉で示されています。

みんながつくる　みんなの学校　大空小学校は　学校と地域が共に学び共に協力しあいながら「地域に生きる子ども」を育てている学校です

なぜ地域と一体となった学校づくりにこだわってきたのか。そこにはもう一つ理由があります。それは、いつかその場所を去らなければならない**教職員は「風の存在」**に過ぎないからです。一方で、その地域に根を張り、常に子どもたちを見つめることができる**地域の人たちは「土の存在」**と言えます。そうした人たちが、学校の中にまでしっかりと根を張り巡らせていてくれさえすれば、私たち「風」は、その肥沃な土壌にたくさんの種を運んできて蒔くことができます。そしてその種蒔きこそが、教職員の役割なのではないでしょうか。

「みんなの学校」とは何か。

実は、答えはとてもシンプル。つまり、「公立学校」の総称に過ぎません。地域に根差す公立学校を、地域の人たちが参加して一緒につくる。学校はそこにあるものではありません。そこにいるみんながつくるものです。

この当たり前が、どうも今、うまく機能していないように感じてなりません。

21世紀にできた学校だからこそ

大空小学校は、マンモス化しすぎた大阪市立南住吉小学校の分校として、5、6年生のみが在籍していた小学校を再編し、2006年4月、南住吉大空小学校（2014年4月に大空小学校に改名）として、誕生しました。

開校前の春休み。職員室に、これから一緒に新しい学校をつくっていくすべてのメンバーが集まりました。そこには、校長に就任する私はもちろん、教頭、教員、講師、養護教諭、事務職員、給食調理員、管理作業員と、8職種26名の全教職員が集い、次のような話をしました。

「大空小学校は、21世紀にできた学校だから、10年後の社会がどんな風になっている

か、みんなできちんとイメージを共有したうえで、つくっていこう」

当時、すでに社会は目まぐるしいスピードで変化し続けており、10年前のこともはっきりと覚えていない中で、日々成長を遂げる子どもたちを目の当たりにしてきた私たちだからこそ直感的に共有できたことは、「**子どもたちは1年でも大きく成長する。10年といったらその10倍。これから10年で社会はものすごく変化するだろう**」ということ。そこで私は、次のような考えをみんなに伝え、一緒に考えました。

「国際社会と言われる中で、学校文化はまだまだ鎖国状態。10年後はさらに国際化が進み、価値観もどんどん多様化していく。鎖国社会から国際社会へと、急激な変化を遂げなければ、そこで学ぶ子どもたちはきっと、社会に取りこぼされてしまう。こうした多様化への対応こそ、学校が進化する原動力になるのではないか」

そして次のような方針をみんなで話し合って決めました。

「多様な価値観や個性を持った人が一緒に暮らす多文化共生社会の中で、大人も子どもも、お互いを理解し認め合い、学び合い、育ち合える学校をつくる」

これが大空小学校の教育の原点です。

当時、小学校が置かれていた状況と、未来の小学校があるべき姿を、すべての教職員が共有し、話し合い、時にはそれまで持っていた自らの考えを改め、他者の意見を選択するというプロセスを経験するうちに、多くの人が、これこそが学びのプロセスだということに気づきました。そしてこうしたプロセスを子どもたちが経験できるような仕組みを、どうやって学校の中につくっていけばいいのか。そんな話をしていたら、自然とこれまでにない新しいタイプの学校をつくろうという話にはなりませんでした。

その代りに出てきたのは、これまでの「悪しき小学校文化」でした。まさにこの時、これまで自分たちが身を置いてきた学校という場所に対する違和感をそれぞれが自認したのです。

教室が担任（大空では担当と呼んでいます）の先生の「学級王国」として独自に運営され、「先生の言うことをよく聞く子が優等生。手のかかる子は親の教育が悪い」という、子どもに対する教師のご都合的な価値基準を設けてしまっては、その価値基準からこぼれた子は、次第に教室が窮屈になり、学校に来られなくなってしまいます。そうして辿り着いた答えの一つが次のものです。

教室に居場所がなければ、ほかに居場所を見つければいい

子どもたちにとって学びの場は、教室の中だけではなく、学校全体であって良いのではないだろうか。

教職員全員がこうした共通の思いを胸に、大空小学校はスタートしたのです。

国際社会を生きてはたらく4つの力

大空小学校では、子どもたちが小学校で獲得すべき力について、

見える力
見えない力

という、二つの分かりやすい言葉で説明しています。

見える力とは、全国学力調査で示される力。いわゆる**学力**です。一方の、見えない力とは、**その子がその子らしく生きていくことができる力**と言い表すことができます。

見える力は、先生の手腕を問わず、文部科学省の学習指導要領に従い、子どもたちを管理した教育をすれば、誰が行ってもある程度の効果が目に見えてきます。

しかし、見えない力は、いくら教員が自分は素晴らしい教育をしていると自負していても、目の前の子どもたちにとってそれが、10年後に生きてはたらく力として身に付いていなければ、その子たちが獲得したとは言えません。

東大に入りたいという子がいる側で、トラックの運転手や、散髪屋さんに憧れる子もいます。そうした子どもたち一人ひとりに寄り添った関わりをいかにすべきか。そう考えた時、私たちがより重視したのは「見えない力」の方でした。

さまざまな価値観を持った子どもたちが、国際社会の中で、その子らしく生きてはたらく力とは何か。この問いに、教職員みんなで出した答えが、次の**4つの力**です。

人を大切にする力
自分の考えを持つ力
自分を表現する力
チャレンジする力

子どもも教職員も4つの力を意識して新学期をスタートする

この4つの力を、一人ひとりが自分なりに獲得することができれば、自分らしく国際社会で生きていけるのではないかというのが、私たちが導き出した仮説でした。そして、この4つの力を、授業の時間だけではなく、**おはようからさようならまで、学校全体を学びの場にして、**身に付けてもらおうという結論に至ったのです。

担任一人が子どもを育てるという誤解

「先生の受け持ちは何人ですか？」

大空小学校で子どもたちと数年過ごした先生は、こう聞かれた際「280人です」と、全校児童の人数を答えるでしょう。つまり、全教職員が**学級やポジションという垣根を越えて、子どもたち一人ひとりに関わっている**という意識で過ごしています。

担任の責任を強く意識されている方の中には、この回答に違和感を覚える方がいらっしゃるかもしれません。また、担任は自分の学級にきちんと責任を持つべきだと、お叱りを受けるかもしれません。実際に、他校から大空に赴任してきた先生の多くは、そのように考えていたと思います。

しかし、大空では、**担任の先生一人ひとりが自分の教室を学校内に、さらには地域**

にまで開いています。それぞれの教室には、他のクラスの先生はもちろん、地域の人たちやサポーターである保護者の皆さん、さらには、さまざまな目的で大空小学校を訪れるゲストの皆さんもゲストティーチャーとして自由に出入りして、子どもたちに関わっています。

ベテランの先生であれば、それまでの経験から、また新人の先生であれば使命感から、「自分は教師だ。自分一人でできる」と考えがちです。

そのため、自分のクラスについて、他の先生から干渉されることを嫌います。こうした状況では、自分の教室を開くどころか、「一人では子どもたちは育てられない」という意識を持つことすら難しいかもしれません。

しかし考えてみてください。それぞれが異なる家庭の事情や問題、そして未来への希望を、ランドセルいっぱいに詰め込んで目の前に座っているすべての子どもたちに、例えどんなに経験が豊かであっても、**担任の先生が一人で責任を持つことなど到底で**

きることではありません。分かったつもりになって学級経営をしようとすることこそ、学校の悪しき文化の一つです

子どもがいじめを苦に、自らの命を絶つといった、痛ましい報道がされる度に、担任の先生の責任ばかりが取り沙汰されます。

また、こうした事件を目にした際、いたたまれない気持ちになる一方で、改めて、**担任一人が子どもたちに関わるから、子どもたち一人ひとりに手が回らず、問題を見逃してしまう**のだと思えてなりません。

「自分のクラスは担任が責任を持って見なければならない」という誤解があると、問題を教室内に閉じ込めてしまい、他の先生に相談することなく、自分で解決しようという雰囲気を学校全体がつくってしまいがちです。このままでは、今後も苦しむ子どもたちが増える一方ではないでしょうか。

さらに、クラスの子どもたちを担任一人が教えるという考えを大空が捨てた理由は、

もう一つあります。

　まさに、多様化した国際社会で生きてはたらく力を子どもたちに獲得してもらいたいと思ったら、学校そのものが多様化しなければなりません。そのため、管理作業員や給食調理員のみなさん、地域の人たちを含めた「すべての大人」が子どもたちに関わるべきだと考えたからです。やがて**地域社会に出た時に吸う空気と、学校の中で吸う空気をできるだけ同じにすることが大切**なのです。

　そのため、大空小学校では、学校という狭い世界で、少しでも社会を身近に感じてもらうために、各学期に一度、外部からさまざまな分野の方々をお招きし、子どもたちに特別授業をしていただく「オープン講座」が開催されます。そこでは、知識を得ることよりも、子どもと大人が互いに築く関係性が大切で、その過程こそがよい学びなのです。

みんなが関わるから、みんなで学べる

ここまでお読みいただいたみなさんは、すでにお気付きかと思いますが、映画「みんなの学校」を通して紹介された、**さまざまな個性を持った子どもたちが同じ教室で学ぶ理由は、それがすべての子どもたちに必要な、国際社会を生きてはたらく力の原動力になる**からにほかなりません。

子どもは、いわば全員が支援を必要としています。

「子ども」という一括りで定義できるものでは決してなく、例えば大空であれば、一人の子どもが280名いると考えるべきです。その日その場所で支援を必要とする子どもは異なります。その中で支援が多く必要な子がいるのは当然なのです。

映画公開後、大空小学校が「インクルーシブ教育（注）」の先端校として見られることがありますが、私たち教職員に何か特別なスキルや知識があったわけではありません。**日常の中で支援の必要な子どもたちを、当たり前に支援する。**ただこれだけです。

すべての子どもたちにとって、学校が安心して学べる場所で無かったら、到底なりたい自分をイメージすることなどできません。大空の子どもたちが自分らしく学んでいるのは、周りでいろいろな子どもが安心して学んでいる姿を、同じ教室の中で毎日目にし、さらに周りの友だちがチャレンジする姿を見て、自分もチャレンジしてみようという気持ちが生まれるからではないでしょうか。

授業中に、集中できず席を立とうとする子や、陽気におしゃべりする子がいた際、授業を中断せずにすむのは、サポーターのみなさんのおかげです。仮に担任がその都度授業を中断して、その子だけに関わっていたら、みんなで学び合う場にはなりません。そのためにすべての大人が関わることが必要なのです。

こうした学校づくりをしていると、大人も学び合うことができます。自分ができないことがあればそれを自認してできる人の力を活用する。これこそが教員の力量です。

また、大空小学校では、授業参観を廃止しました。保護者が来校することを意識し、その日のために教材をつくり、いつもよりもかしこまった授業をする。そこでは、日頃の課題や苦労を極力感じさせないように、教師も児童もニコニコして授業を進めている。果たしてこれで良いのでしょうか？

ありのままの学校の姿を見せ、「こんな課題や苦労があって、なかなか授業がうまくいかない部分があるんです。特にこのクラスでは子どもたちに手間がかかるんです」という事実を、地域の人たちに伝えることがむしろ必要だと思っています。

そのため、大空ではいつでも授業を開き、ありのままの姿をお見せすることにしました。そうすると、**さまざまな問題を地域の人たちが共有**し、一緒に子どもたちに関わろうという気持ちになり、実際に関わってくださる人が増えていったのです。

（注）障害のある子どもを含むすべての子どもに対して、子ども一人ひとりの教育的ニーズにあった適切な教育的支援を、通常の学級において行う教育

教える専門家から学びの専門家へ

そもそも「教」という言葉が示すように、教師というのは、子どもたちに模範や正解を教える専門家であると誤解され、教員養成機関である大学でも、そうした教師を養成しているように思います。

文字通り、教師が教える専門家という認識のまま教壇に立っている限り、自分の言葉を聞かない子どもはすべて厄介で、聞かない原因は子どもの方にあり、自分に問題があると自省することがありません。

教師は「教える専門家」から「学びの専門家」に

これは、大空小学校を開校してから一緒につくってきてくださった、東京大学大学院の小国喜弘《こくによしひろ》先生がくださった言葉ですが、「学びの専門家」になるにはどうしたら良いのでしょうか。

現代のように、これまでの常識を覆すような大きな変化を遂げなければならない時代は、今あるものをアレンジすることは難しく、むしろ、それを壊して一から考えてつくり出すほうが近道な場合が多々あります。

例えば、授業中に教師が子どもたちに「教えてはいけない」という制約があったらどうすべきか。そうなったら目の前の子どもに頼るしかありません。

「校長先生に、教えたらアカンッて言われてんけど、先生どうしたらいい？」

先生からそう言われた子どもたちは、自分たちで必死に考えようとします。そして、勝手に学び合います。もっと言えば、先生が教えても理解できなかった子どもが、友だちに教えてもらったら理解できるというケースはたくさんあります。それは、**ふだん一緒にいるからこそ、何が分からなくて、どうやったら分かるかをきちんと理解し合っている**からにほかなりません。すべての子どもたちが同じ教室で学ぶメリットはこうしたところにもあると気付かされた瞬間でした。

子どもたちが自主的に学び合い、育ち合う教室をつくるには、「先生と子ども」という関係をつくらないことが大切です。

教員は、教員である前に社会人であり、大人であり、人であるという意識を常に持つべきです。それは、**教員が教員のままで子どもたちに関わる限り、子どものためという前提を忘れ、先生としての仕事に終始してしまうという危険性をはらんでいる**からです。

よくポジションtoポジションではなく、フェイスtoフェイスが大切と言われるのはまさにこうした理由からです。

校則のない学校のたった一つの約束

大空小学校には校則がありません。その代わりに大人も子どもも守る、たった一つの約束があります。

自分がされていやなことは人にしない。言わない

実は大空小学校の開校時、校則が必要かどうかについても、教職員で話しあったことがあります。そこで「**校則が無くても子どもは困らない。困るのは大人たち**」という答えに辿り着き、校則はつくらないことにしたのです。

「校則が無いと、何かトラブルの際の判断基準が無くて困るのでは?」という質問をされることがありましたが、子どもたち一人ひとりにきちんと向き合うことで解決できることがほとんどです。

例えば、勉強に必要のないものを学校に持ってきた子どもがいた場合、校則で「勉強に必要のないものは持ってきてはいけない」と定められていたら、子どもから「なぜ持ってきたらいけないの？」と問われても、「校則で決まっている」という一言でかたづけてしまいます。これは、子どもにとってもその教師にとっても、貴重な学びの機会を逃してしまっています。

それどころか、**子どもたちが発しているSOSを見逃してしまう**ことにもなりかねません。**いつもとは違う子どもたちの行動にこそ、子どもたちからのメッセージが隠されている**ことが少なくありません。

もし校則が無ければ、子どもたちとしっかり対話することで、子どもの現在の様子を伺い知ることができます。教師は子どもたちに、なぜ持ってきたかをきちんと聞く。そして、その答えから、子どもが今置かれている状態を考え、必要に応じて支援の手を差し伸べることができるのです。

「自分がされていやなことは人にしない。言わない」という、たった一つの約束は、実は私が教師になって以来、ずっと自分の受け持ったクラスの子どもたちとかわしてきた約束です。

校則をつくらない代わりに、一つだけ約束事をつくろうという際に、クラスの約束だったものを学校の約束として提案したのです。実は「自分がされてうれしいことを人にしよう」という約束ではどうか、という意見も出ましたが、これでは守らなくても問題にはならず、いつの間にか忘れられてしまうと考え、より学びのチャンスが大きい、現在のものを採用しました。

大空では、「4つの力とたった一つの約束」を子どもも大人も全員が大切にしています。そのため、この**たった一つの約束を破った場合は、校長室に「やり直し」に来る**ことになっています。

なぜやり直しをするのか。子どもたちは徹底的にそれを考えます。**やり直しするの**

校長室(やり直しの部屋)のドアに掲げられたたった一つの約束

は、誰のためでもなく、自分のため。そのことに自ら気づき、自分事としてしっかりと受け止められるまで、大空の教職員は付き合います。このやり直しは、大人になってからも社会で必ず役立ちます。こうしたやり取りを通して、4つの力のうち、「自分の考えを持つ力」を子どもも大人も獲得していくのです。

校長は学校の外に向けたリーダーシップを

教員は物事の善し悪しを判断する際、管理職や同僚への配慮や、自分の都合ではなく、「子どもへの害」を一番に考えなければならないと思っています。

私も45年間のうち、36年間は校長の下で、教員生活を行ってきました。そして、子どもに害が及ぶのであれば、たとえ校長の指示であっても私はそれを素直に受け入れることはできませんでした。

学校という組織の中では、校長と教員という関係だけを考えれば良いのではなく、あくまで子どもを主体に考えなければなりません。

こうしたある種の「闘い」を経て、私は大空小学校の校長に就任しました。

映画をご覧になった方から「校長のリーダーシップ」について質問されることが多

いのですが、校長が果たすべきリーダーシップについて、私は次のように考えています。

まず、学校には内と外があります。そして、校長の役割はそれぞれで異なります。学校の内では、校長のリーダーシップは必要ありません。むしろ、コーディネータとしての役割を果たすべきです。

しかし、学校の外に向けては、なんとか学校に関心を寄せてもらい、一緒に地域の学校をつくっていってくれるサポーターを増やせるよう、強力なリーダーシップが求められます。

学びの場である学校内で一番大切なのは人と人との関係です。子ども同士、子どもと教職員、教職員同士、教職員と教頭や校長、といった具合に、さまざまな関係性が生まれます。**こうした関係をていねいに繋いでいくことこそが、リーダーに求められる役割**だと考えています。

例えば、教室に入れずに校庭に座り込んでいる子どもがいれば、それは大きな学びのチャンスだと考えます。そのため、その場でその子どもに関わることで、成長に繋がる子どもを敢えて選んで、関わらせることが大切です。

それは、常に子ども一人ひとりの家庭を含めた状態を見ていなければできません。しかし、そうした子どもたちは、**お互いに関わる中で、愛情や勇気、自立心といった大切な何かを学ぶことができる**のです。

また、大空では、管理作業員が学校の内外で重要な役割を果たしていました。学校に来ない子どもの家を訪ねて様子を伺い、職員室で共有してくれるほか、地域と学校のパイプ役を果たしています。

私は9年間、毎月スクールレターを発行していました。時には学校が困ることも正直に自分の言葉で綴り、そこには反省や助けを求める言葉も含まれています。500部余りを地域に手で配り、私の声を発信してくれるのも管理作業員の役割でした。さらに地域からのフィードバックを収集し、必要に応じて私たち教員に共有してくれたからこそ、地域と一緒に学校をつくることが可能だったのかもしれません。

「行動」を明文化した学校の理念

すべての子どもの学習権を保障する学校をつくる

これは、開校4年目くらいに、これまで教職員一同が大事にしてきた思いを、初めて言葉にした、大空小学校の理念です。どうして言葉にしたかというと、正しいと信じ、**みんなでつくってきた学校の空気を、これから先も変えてはいけない**と思ったからです。

小学校の理念は、校長が代わると変わってしまうことが多いのを私自身、経験してきました。また、言葉ありきで形骸化してしまっている理念も多く見受けられます。

子どもたちの立場に立った教育を今後、風の存在である教職員が入れ替わっても、しっかりと引き継いでもらえるよう、当時の教職員一人ひとりがとってきた「行動」に基づき、みんなが実感できる言葉であるべきだと考えたのです。

学ぶ力はすべての人が生きている限り持ち続けることができる力です。そこには、障がいの有無や、年齢などは関係ありません。人と人が関わる場所には必ず学びがあります。学校現場に限らず、人と出会うことで、自分がフッと変わった瞬間、それこそが学びなのです。

さらに、**学びがあるところには、感動があります。そして愛が生まれます。**だからこそ、学校はすべての子どもたちが安心して登校でき、学べる場所でなければならないのです。

そして、地域の学校こそが、子どもたちの居場所にならなくてはなりません。なぜなら、そこには「土の存在」として、いつまでも変わらず子どもたちを見守ってくれる地域の人たちがいるからです。

大空ではＰＴＡ活動という言い方をせず、ＳＥＡ活動と呼んでいます。ＳＥＡとは、Supporter（支える人）、Educator（教える人）、Association（組織）の略で、親（Ｐ）や教師（Ｔ）だけではなく、保護者、家族、地域、教職員、ボランティアなど、多様な大人が子どもに関わる活動をしています。

だれもができる　みんながつくる　ＳＥＡ活動
できる時に　できる人が　無理なく　楽しく

を合言葉に、大空小学校は、学校・家庭・地域のチーム力で子どもたちが、自主的に学び合い、育ち合う場所として、これからも地域と共に歩んでいくことを願うと同時に、全国に一つでも多く、子どもの未来を大人が一緒に考える「みんなの学校」が増えることを願っています。

第 2 章

「21世紀型学力」を養う教育とは

出口 汪

新しい時代には新しい教育を

今、子どもたちが生きている時代は、これまで誰も経験したことが無い時代に突入したと言われています。

過去、成功モデルはすでに欧米にあるケースが多く、日本はそれをいかに早く上手に摸倣できるか、という視点で教育を行ってきました。

そのため、英語など外国語の翻訳能力と、膨大な知識の詰め込み、さらに速くて正確な計算力が重視されてきたのです。

日本の教育が「詰め込み教育」と言われてきた理由の一つはここにあります。

ところが近年、日本が抱える環境、エネルギー、少子高齢化、格差社会といった諸問題は、世界のどこを探しても、それらを解決に導く処方箋は存在しません。

これからの子どもたちは、こうした社会を生き抜くために、従来とは異なる力を手に入れなければなりません。そのため、教育の現場は今、大きな変革を求められているのです。

細かな知識はスマートフォンやパソコンでいつでも必要な時に取り出せるようになった今、もはや暗記の重要性は薄れています。にもかかわらず、未だ学校の教育は旧態依然の詰め込み教育が主流です。これは、高度経済成長期、安価で高性能な日本製品を世界中に輸出することで、経済が潤っていた時代には有効だったかもしれません。

しかしこうした優位性は、もはやアジアを中心とした国々に取って代わられています。では、日本がこれからも世界で存在感を示し、持続していくために、さらに、そうした社会で生き抜くために、子どもたちが必要とする力とは何か。それは、**新しいモノ・アイデアを生み出すため、自分の頭で考える力**でしょう。

こうした社会の変化に呼応して、文部科学省（以下文科省）も、実は早くから、これまでの日本の教育に危機感を覚え、抜本的に改革しようと試みてきました。

皆さんご存知の「ゆとり教育」がその一つで「生きる力」の獲得に主眼を置きましたが、残念ながらうまくいきませんでした。

現行の学習指導要領は、「生きる力」という理念はそのままに、その理念を実現するための具体的な手立てを確立するという観点で、改定されました。

ところで「生きる力」とは何でしょうか。文科省は次のように説明しています。

○基礎・基本を確実に身に付け、いかに社会が変化しようと、自ら課題を見つけ、自ら学び、自ら考え、主体的に判断し、行動し、よりよく問題を解決する資質や能力

○自らを律しつつ、他人とともに協調し、他人を思いやる心や感動する心などの豊かな人間性

○たくましく生きるための健康や体力

こうした「生きる力」を身に付けるために重視する事項として、「**思考力・判断力・表現力**」を挙げています。

私もこうした方針に対しては、原則賛成の立場ですが、今後、教育の現場では大きな混乱を招くのではないかと危惧しています。特にこれまでのやり方で子どもたちを管理してきたベテラン教師や、教頭、校長などの管理職の意識を変えることは容易ではありません。

21世紀型教育に挑む大空小学校

こうした懸念を抱く中、昨年「みんなの学校」というドキュメンタリー映画を見る機会がありました。東京の私立大学で開催された自主上映会にゲストとしてお招きいただいたのです。

本作品については、第1章で舞台となった大阪市立大空小学校初代校長を務められた木村泰子先生も説明されていますが、まさにこれからの社会で生きてはたらく力を子どもたちに獲得させるべく、教員のみならず、現場に関わるすべての大人たちが意識を180度変え、新しい時代に向け、新しい教育に挑む日々が描かれた感動のドキュメンタリーです。

上映のあと、学生のみなさんとのトークイベントに登壇し、私が最初に口にしたのは、「**大空小学校はまさに社会の縮図**」という感想でした（この意味は後述します）。同時に私が懸念していた、現場からの教育改革に、地域をも巻き込んだ大人たちが本気で挑む姿を見て、フィールドは違いますが、これからの子どもたちの教育環境を心から変えたいと願う立場から、ぜひ多くの方に大空小学校の教育をお伝えし、一つでも多くの学校が、大空小学校の事例を参考に、改革に取り組んで欲しいと願い、こうして今筆を取っています。

本書では、映画が描き出している日常はもちろん、木村先生と実際に何度かお会いし、さまざまなお話を伺う中で見えてきた大空小学校の教育について、ほかの学校や教育の現場、さらには組織運営をする方が参考にしやすいよう、考える力を養成することを主眼とした学習教材である「論理エンジン」の開発を通して、この国の教育を変えたいと長年取り組んできた経験から、私の考えを交えつつ、紹介していきたいと考えています。

木村先生が小学校6年間を通して、子どもたちに必ず獲得させるべき力として真っ先に挙げる「社会で生きてはたらく力」。これを確実に身に付けてもらうために、大空小学校が開校当時から大切にしているのが、「すべての子どもの学習権を保障する学校をつくる」という理念にもとづいた環境づくりと、次に紹介する「4つの力」と「たった一つの約束」です。

●4つの力

人を大切にする力、自分の考えを持つ力、自分を表現する力、チャレンジする力

●たった一つの約束

自分がされて嫌なことは人にしない　言わない

なぜ今、こうした力や約束が子どもたちにとって大切なのか、改めて私たちが暮らす社会について整理してみると、そこに答えが見えてくるかもしれません。

「大空式教育」が求められる社会背景

私はこれまで多くの著書や講演の中で、今私たちが生きている社会を、グローバル（国際）社会、電子情報社会という言葉で整理していますが、とても大切な要素なのでこちらでも説明していきます。

グローバル社会とは、簡単に言えば、国家や地域の境界線を越えて、地球が一つの単位としてみなされる社会です。

こうした社会では、優秀な労働者が海外から多数流入してきます。また、多くの観光客や留学生が日本を訪れるようになり、今後ますます増加が予想されます。

これからの子どもたちは、民族も言語も宗教も慣習も文化もすべてが異なる人たちと共に生きる力が必要になることは明白です。

日本人同士であれば何となく通じ合うこともできますが、外国人には曖昧なコミュニケーションは一切通用しません。**自分の考えや意見を正確に、道筋を立てて相手に説明する力、つまり「論理力」が不可欠**なのです。

論理的に正しく日本語を書くことができれば、今後ますます進化を遂げるAI（人工知能）がいともたやすく、必要な言語に翻訳してくれるでしょう。グローバル化というと、とかく英語をはじめとする外国語の習得に目が行きがちですが、すべての日本人に本当に必要なのは、むしろこれまで出会ったことのない、**強烈な他者を受け入れることのできる受容力と、誤解なく誰とでもコミュニケーションできる論理力**であると私は考えています。

一方の電子情報化社会で起こっていることは何か。

冒頭で少し触れましたが、まず、詰め込んだ知識がかつてほど重宝されなくなりました。みなさんが普段されているように、必要な時に必要な情報を手元のスマートフォンなどから検索して調べればよいのですから。

それでは知識が武器にならない時代に武器になるものとは何か。それは未だかつて**誰も取り組んだことのない山積する社会問題にチャレンジする力や、それを解決するためにイノベーションを起こす力**です。誰も答えを教えてくれないわけですから、自分の頭で考えるしかありません。

さらに今なお多くの方が意識していない次に挙げるようなリスクが、今の電子情報社会には潜んでいます。

インターネットの普及により、私たちは毎日膨大な情報を手に入れることができるようになりました。しかしそれらの情報はすべてが真実とは限りません。**情報には必ず発信者がいて、そこにはさまざまな意図や思惑がある**ことを忘れてはいけません。こうした情報に対し、自分で考えることなく、鵜呑みにすることは大変危険です。

そこで新たに求められるようになった力は、こうした膨大な情報に溺れず、その**情**

報の真偽を確かめ、自分にとって必要な情報かどうかを自分の頭で考え、判断する力です。こうした力を「**メディア・リテラシー**」と呼び、子どもの頃からこの力を身に付ける教育がこれから求められるべきだと考えています。

以上、現代社会に求められる力という視点で、今の時代を眺めてみました。そこから、これからの社会を生きる力とはすなわち、次のような力と言うことができそうです。（それぞれの詳細は第4章で説明したいと思います）

自分の頭で考える力
考えるための論理力（ロジカル・シンキング）
状況を判断する力（クリティカル・シンキング）

まさに、大空小学校は、こうした現代社会で生きてはたらく力を、子どものころから身に付けることができる、理想的な教育環境であると感じています。

学校が社会の縮図であるべき理由

映画「みんなの学校」が映し出した大空小学校の姿はまさに社会の縮図でした。撮影当時の2012年度に在籍していた全校児童220人のうち、特別支援の対象となる子どもの数は30人を超えていたそうですが、特別支援クラスは設けず、すべての子どもたちが同じ場所で学び合っていました（2016年度は約280人在籍し、特別支援の必要な子どもはおよそ50人とのことです）。

他校であれば特別支援の対象となる、さまざまな個性を持った子どもたちが、同じ教室で学び合い、育ち合う。さらに、学校には、保護者を含む地域住民や卒業生のボランティアが常に集い、教職員のみなさんと共に子どもに関わる。

実はこの環境こそが、子どもたちに**グローバル社会で不可欠となる「他者意識」を持たせる絶好の機会**となっているのです。

社会に出るということは、年齢も、立場も、価値観も、何もかもが異なる他者と関わっていくということです。加えて、今後ますます多くの外国人が日本にやってくるでしょう。

また、現在政府が標榜する「一億総活躍社会」について、これからの日本社会が目指す姿の一部として、次のように説明しています。

若者も高齢者も、女性も男性も、障害や難病のある方々も、一度失敗を経験した人も、みんなが包摂され活躍できる社会

こうしたさまざまな「自分とは違う」人たちが共に生きる社会に、他者意識を持たないまま出て行ってしまうと、会社や職場、そして地域社会に順応できず、社会から取りこぼされてしまう危険性があるのです。

「学校は社会の縮図であるべき」と考えられているのはまさに、**子どものうちから、さまざまな違いがあることを知り、それを受け入れることで、社会に出た時に、自分と**

は違う他者を排除することなく、相手の立場に立ったコミュニケーションができる子どもに育てることが学校の役割だと考えられているからです。

最近、教育の現場で「インクルーシブ教育」「合理的配慮」といった言葉が聞かれるようになりました。しかしながら、まだまだこうした言葉の意味が誤解なく社会に定着するまでには時間がかかりそうです。

木村先生が、「インクルーシブ教育なんて言葉、使ったことも意識したこともありません。支援すべき子は日々変わります。私たち教職員は、毎日、その日支援が必要な子どもに関わっているだけ。当たり前のことに、当たり前に取り組んできただけです」と話すように、今の社会に当たり前にある姿が小学校にないのはやはり不自然だと言わざるを得ません。

たった一つの約束が持つ力

先ほど他者意識の大切さについて説明しましたが、校則が無い大空小学校にある、「自分がされて嫌なことは人にしない。言わない」というたった一つの約束は、子どもたちの他者意識を育む上で、とても大きな意味を持っていると思っています。

映画の冒頭で、木村先生が全校児童とこんなやり取りをしています。

先生「この学校は誰がつくりますか？」
児童「自分です」
先生「自分って誰ですか？」
児童「ここにいるみんなです」

これは、大空小学校独自の授業である「全校道徳」のワンシーンということですが、子どもたちは、「自分がされて嫌なことは人にしない。言わない」＝「みんながされて嫌なことは人にしない。言わない」ということだと、しっかりと理解しているのです。

つまり、常に大人を含めた周りにいる一人ひとりにとって嫌なこととは何だろう、と想像して考えるきっかけにもなるし、仮に自分にとっては嫌ではないことを、相手にしてしまってトラブルになった際、そこで初めて「自分とは違う価値観」を知ることができるわけです。

こうして常に、子どもや大人という乱暴な括りを越えて、自分とは違う他者を意識することそのものが、生きる力に繋がっていくとともに、思いやりの心や、他人から配慮されるありがたさのようなものを無意識のうちに学んでいくのでしょう。

一生学び続ける力を

木村先生はよく、「**学びは楽しい。すべての人は学ぶ力を持っている**」とお話しされていますが、この意見には私も大賛成です。**人が人である意味は、生涯にわたって学び続けることにある**と私は信じています。

そもそも勉強は楽しいからするものです。

その昔、勉強は遊びでした。ギリシア時代、はたらくのは奴隷で、市民ははたらく必要がなく、一生遊んで暮らしていたのです。彼らにとっての遊びとは、学問であり、芸術であり、哲学であり、文学であり、音楽であり、今の遊びの概念とは大きく異なっています。

しかし、こうした遊びを追求し、生涯にわたって遊び続けようとこだわった結果、さまざまな分野の学問や芸術が発達したのです。

一方で、遊びの対極にあるのは仕事です。いつしか遊びが仕事になってしまったから、「勉強は我慢してやるもの」というイメージが定着してしまったのです。それはつまり、受験合格だけがゴールとなっている詰め込み教育のもう一つの弊害と言えます。

勉強が楽しければ、おのずと、生涯にわたってそれを楽しもうと、子どもたちはみんなで相談しながら工夫するものです。それが学び合いです。**楽しいから主体的に考えることができる**のです。

しかし、勉強が仕事になってしまうと、皮肉なことに、受験時代に成功を収めた人ほど、それまでの勉強の癖から逃れることができません。その結果、勉強を楽しいと思えないまま、生涯を過ごさなければならないのです。

「大空で6年間過ごした子どもたちは、みんな学校が大好きになるんです」

と木村先生が話すように、大空には、子どもたちに勉強が楽しいと思わせる何かがあるのでしょう。

大空の子どもたちのように、**小学校時代に勉強は楽しいと感じることができれば、生涯にわたって勉強を続けることができます。**そうした子どもを育てるのはまさに、教育者の使命ではないでしょうか。


そこで問いたいのは、教師のみなさんが勉強を楽しんでいるかということ。そして今もなお勉強し続けているかということです。教師自らが、勉強の楽しさを分かっていなければ、子どもたちにその楽しさを教えることは難しいでしょう。

何も忙しい中、自由時間を削ってセミナーや勉強会に参加すべきと言っているわけではありません。大空小学校の教職員が実践されているように、素晴らしい学びのお手本である目の前の子どもたちから学べばよいのです。

学校は子どもたちだけではなく、大人にとっても素晴らしい学びの場であることをしっかりと認識して欲しいと思います。

2020年、教育が変わる

この章の最後に、社会の動きを教育という視点から見ておきましょう。具体的には2020年を目途に、大学入試が大きく変わり、これまでの学習法では対応が難しくなるのではないかと危惧されています。ここは特に関心の高い方が多いかと思いますので、少し詳しく説明しておきます。

かつては大学入学定員を大きく上回る受験生がいたため、公平かつ効率的な入試方法が採用されていました。機械的に採点処理が行える、マークシート方式の選択型の問題が主流で、まさに、高校までに獲得した知識の量が試されてきました。

また、一旦入学した学生をきちんと4年間で卒業させなければ、次の学生を受け入れることができないため、日本の大学は欧米の大学と比べ、簡単に卒業できると言われています。

しかし、ご存知の通り、少子高齢化が社会問題の一つになっている今、現在でも**私立大学の約４割は定員割れ**を起こしているという状況です。今後ますますこの状況は悪化の道をたどるばかりと予測されています。その結果、一部の難関大学を除き、多くの大学でさらなる定員割れを起こすことが危惧されているのです。

そうした大学では存続のため、基礎学力のない学生たちもすべて受け入れることにならざるを得ないわけですが、それでは大学の講義自体が成り立ちません。そこで、文科省は最低限の学力を担保させようと、新テストを選抜試験ではなく、達成度を測る試験へと趣旨を変えて実施しようとしているのです。

また、グローバル社会と言われる今、自分の進学先を日本だけではなく、世界にまで広げる子どもたちが増え始めています。そうなると**東大などの最難関大学すらも、国際競争に巻き込まれる**ことになるのです。

こうした状況から、大学は確保した学生の卒業要件を厳しくすることが予想されます。文科省も「入学時の学力よりも、卒業時の学力を重視せよ」と言っています。つまり、これからの教育は、点数や偏差値を上げるための教育ではなく、大学などの高等教育機関で学ぶ力（4年間で卒業できる力）を身に付けさせ、さらには社会に出て活躍できるための力を養う教育が重要になってきます。

学力ではなく、学ぶ力が求められる今、大空小学校が目指す、**「社会で生きてはたらく力」**は、**「大学で学ぶ力」**さらには**「社会で学び続ける力」**に繋がる大切な力だと言うことができると私は思っています。

第 3 章

学校は学び合いと育ち合いの場所

木村泰子

①号令なしで自主的に動く子どもたち

大空小学校に来校する方がまず驚かれるのは、月曜日の朝、「全校道徳」の授業をつくるために講堂に集まってくる子どもたちの主体的な行動です。

子どもたちは、音楽が鳴り響く講堂に集まってきたかと思うと、その音楽が終わる頃には、先生の話に耳を傾けられるよう、きちんと整列しています。そこに「集合」とか「前へならえ」といった教師たちの声は響いていません。

大空では6年生になると全員がリーダーになります。5年生はサブリーダーです。そして、整列の際は、両サイドにいる6年生と5年生が、自分たちの横の列の1年生から4年生の顔を見て声をかけながら整列するのです。

1学期の初めのころは、1年生を中心に戸惑う子も多く、整列までに時間がかかりますが、次第に6年生がサポートしなくても、気持ちよく場が整うようになります。
ちなみに、大空ではリーダーの条件として、次の3つを掲げています。

行動で示す
先生にたよらない
しんどいことを進んでする

1年生から6年生まで、すべての学校の中で、一番幅広い年代の子どもが一緒に学ぶのが小学校です。1年生のうちからサブリーダーである5年生、そしてリーダーである6年生の言動を日常の中で意識しているため、学年が上がるごとに意識が高まってくるのです。こうして自然に芽生えるリーダーシップを大空では存分に引き出し、子どもたちの学び合いのベースに据えています。

確かに、教師による号令は手っ取り早く子どもたちを整列させることができますし、より早い時期に子どもたちを掌握することができて安心でしょう。ただ、これは教師側の都合と言わざるを得ません。

管理教育の象徴である号令によって、子どもたちを管理してしまったら、子どもたち全体が美しく整列しているかどうかという**結果**にしか目が行かなくなります。しかし、子どもの自主性に任せ、その行動を見守ることができれば、子どもたち一人ひとりの行動に目をやることができ、**経過**にも目が行くようになります。それが、**子どもを一括りで見るのではなく、一人ひとりとして見る**ということの本意です。

号令や整列そのものに意味がないと言っているのでは決してありません。ただ、目的は何かということを考えずに、「前任校でも子どもを整列させる時は号令をかけていた」という、従前のしきたりを疑うことなく子どもたちを指導することが、どれだけ自分自身にとっても、子どもたちにとっても、学びの機会の損失になっているかということを考えて欲しいのです。

特に子どもたちにとっては、こうした**集合・整列といった場面も貴重な学び合いの場**です。それを、教師にとって都合のいい言葉一つで奪っていいはずがありません。

大空小学校の中で、子どもたちが一つひとつの行動について、**号令ではなく、その目的を理解し、自分は何をすべきか考えて行動する大切さ**を、教職員が毎年実感するのは、運動会や卒業式などの学校行事です。その場で子どもたちが行う礼は、各自がしっかりとその意味を心に刻んでいるからか、心がこもっています。そしてその姿は大人が子どもに憧れるほど見ているものの心を動かすのです。

また、長期休みの前に恒例の生活指導も行いません。先生が毎回同じことを一方的に話して終わり。これでは子どもたちには伝わりません。子どもたちが、学校が休みの間にどう過ごすべきかを自分の頭で考えられるように、という思いで結成したのが「**大空劇団**」です。

団長と役割を決めるだけで、シナリオはありません。終業式の朝、団員の教職員が

号令ではなく、その目的を理解し、自分は何をすべきか考えて行動する

いつもより早く学校に来て、打ち合わせをします。そして、地域で起こるだろう問題を即興劇で見せます。ここは大阪人気質も手伝って、全力で笑いを取りに行きます。

子どもたちは、目の前で繰り広げられる劇を見て、「あ、こんなんしたらみっともないから、せんとこ」という具合に、先生たちの悪い見本を見ながら考えます。そして、自分が感じたことや、その結果自分はどんな夏休みを送るかを、紙に書いて宣言をします。**自分の頭で考え、自分で決めた約束だからこそ、みんなきっちり守る**んです。

①のまとめ

- 子ども全体が美しく整列する「結果」ではなく一人ひとりが自主的に整列する「経過」に目をやる
- 集合や整列といった場面は貴重な学び合いの場 教師にとって都合の良い指示で機会を奪わない
- 自分の頭で判断し、決めた約束だからこそ 子どもたちがそれを大切に、きっちり守る

②常に目的を考えて子どもに関わる

教師が従前のルールを疑うことなく踏襲し、さらに固定観念を抱きながら子どもたちに関わると、**一人ひとりの子どもが抱える固有の問題を見逃してしまう恐れ**があります。

例えば「授業は行儀よく椅子に座って受けるもの」という固定概念に縛られていると、授業中に子どもが椅子に座ろうとしない場合、教師はその子どもに対し、半ば強制的に座らせようと指導しがちです。自分が信じている「教師としての仕事」を全うしようとしてしまうのです。

こうしたケースではその都度、**そもそもの目的を考えてみる**必要があります。

授業中、子どもに求められる本質とは何か。それは、椅子に座ることでありません。

授業の内容を聞く、もしくは授業に参加することが目的のはずで、極端に言えば寝転がってもその目的は達成できます。

ある時、落ち着いて椅子に座っていられない1年生の子について、ある6年生の子が次のように話してくれました。

「あの子な、椅子嫌いなんやって。家に椅子無いから、ずっと座ってるのが落ち着かんのやって」

まさに子どもから学ばせてもらった瞬間でした。子どもたちの中には、保育園や幼稚園に行ったことがない子どもが一定数います。また、家に椅子が無い子どもだっているのです。

小学校に入学して、はじめて椅子に座るということを経験する子どももいるということを、教師は想定しなければなりません。

行儀とか作法以前に、椅子にじっと座っていることが困難な子どもも少なからずいる、という視点を持ちさえすれば、指導の形は自然と変わります。それが、個に応じた対応をするということです。

まさに、こうした瞬間、大人の価値観や固定観念、そして都合を子どもに押し付ける教育をしてはいけないと思うのです。

常に目的を自分の頭で考えて行動することに慣れた大空の子どもたちは、新しく大空にやってきた教職員の指導に不自然さを覚え、私のところに相談しに来ることがしばしばありました。

「あの先生、行儀よう座ってる子ばかり褒めるんやけど、そうしたら、そうじゃない子がバツって言われてるのと同じやんな」

これこそが、大空小学校の中に充満する空気です。

本当に大事なことを、みんなで見て学ぼうねっていう空気。 そもそも「行儀が良い」という状態は何をもってそう定義するのか。そこを考えないから、従来のやり方を毎年繰り返してしまう。その結果、

「みんな、椅子に座る時は、お手てを膝に置きましょう」

となってしまうのです。そんな時、大空の子は欠かさずその先生に次のように問いかけるでしょう。

「先生、そうしたら、手がない子はお行儀良くないいん？」

子どもたちは普段吸っている空気と違う空気を吸わされた時、違和感を覚えてすぐにそれを言葉として吐き出します。言い換えれば、日頃から、**自分の頭で考える癖がついているため、自分の言葉を持っている**のです。

このように問われた時に、教師は子どもたちにどんな言葉をかけたらいいのか。

「そんな屁理屈言わんと、さっさと指示に従わんか」

そんな言い訳じみたことを子どもに言う必要が無いよう、そもそも子どもたちから、そんな問いが発せられないよう、**日頃から自分の指導について、その目的を明確に自身が理解し、納得して子どもたちの前に立つ**必要があるのではないでしょうか。

子どもたちに「先生」と呼ばれ続けていると、何か模範的な行動や言葉を子どもたちに示し、こちらを向かせなければと思ってしまうものです。

例えば、子どもから「なぜ学校に行かなければならないの?」と問われた際、先生らしく「将来のため」「新しい発見がある」「友だちができる」といった言葉を、通り一遍にかけてしまいがちです。しかし考えてみてください。子どもが「なぜ」と聞いている裏には、自分が今、辛くて学校に来たくないというメッセージが隠されているかもしれないのです。

そんな時は、**先生としてではなく、一人の大人として一緒に考えるという姿勢が子どもたちにとって救いになる**ことも多いのです。

「さあなあ、先生もようわからん。教室行きたくないんやったら、ここにおったらええやん」などと声をかけることで、子どもは自分だけに向けられた回答を得ることができるのです。

こうした子どもとの**会話の積み重ねが、安心と信頼を生む**のではないでしょうか。

②のまとめ

- 教師が固定観念に縛られていると
子どもが抱える固有の問題に気付けない
- 子どもはそれぞれ違う困難を持つと理解して
個に応じた対応をすることを常に心がける
- 日頃から子どもたちへの指導について
その目的を明確にして、理解し納得する

③大空の常識は、世間の非常識？

開校当初、卒業した子どもが、大空に戻ってきて、こんな話をしてくれました。

「校長先生、中学校に行って、前へならえ、って言われたから、整列したんやけど、手を前にまっすぐ伸ばして挙げなさいって注意された。前へならえって、手を前に挙げることなんですか、って先生に聞いたら、ごちゃごちゃ言わずに、みんながやるようにやれって怒られた」

小学校時代は号令無しで、その場の目的に応じてのびのびと自主的に行動してきた大空小学校の子どもたちは、中学校での慣習に違和感を覚え、ほかの生徒と違う行動をとってしまうことがあり、それを注意されることがしばしばありました。しかし、そうした瞬間こそが大切な学びの瞬間だと思っています。

つまり、環境が変わればそれまで当たり前だと思っていたことが通用しなくなることもある、ということを知る絶好のチャンス。そう考えている私は、次のように説明するようにしています。

「そうやね、そりゃおかしい。でもな、中学校には集団行動っていう授業があるんよ。世間にはな、いろいろあるんやで。小学校でやらんかったこともきちんとこなせるようにならなあ」

現実の社会には納得のいかないことや不条理なことがたくさんあります。すべてが自分の思った通りには進まないし、大空では当たり前だったことが当たり前ではない瞬間に遭遇することが多々あります。そんな場面に対する免疫力を学校生活の中で付けることも、社会で生きる力に繋がるのです。

たくさんの**多様性に触れながら育った大空の子どもたちは、そうした社会の違和感**

すらも受け入れ、学びに変える力を持っていると信じています。


こんな話をした後、大空にまた戻ってきた子どもたちは、

「校長先生、前へならえ、やってきたで。あれ、やっぱり滑稽やな」

そう言って、笑いながら、不条理すらも学びに変えてしまうのです。


子どもたちはいわば、スポンジのようなもの。ものすごいスピードでものごとをどんどん吸収していきます。だからこそ小学校は、自分の思っていることをきちんと言葉にして、積極的に動いて失敗して、その中からこうやって動いたらダメなんだと気づいたり、さまざまな個性を持った友達のことも、同じ教室で普段から一緒に遊んだり、学んだりすることを通して、

「あいつ、ややこしいけど、いいとこもあるんやな」

といった具合に自然に気づいて、自分が自分らしくありのままでいられる空気をつくらなければならないのです。

私たち教員は、研究者ではありません。小学校の常識とは何か、何が正解なのかといった答えなど持っていないのです。じゃあ、何ができるか。それは学校現場で、事実をつくっていくことだけです。その事実とは、目の前の子どもがどう変わったか。成長したかということです。

これが正解というものを上から教師が押し付けるのではなく、子どもたちがその都度その都度、じっくりと自分たちで考えて選択していく。目の前に積み重ねられた事実を子どもたちが自分の目で見ることで、今自分たちがいる学校が、自分のものになっていくのです。それこそが、自分が一緒に学校をつくっているという感覚そのものです。

小学校が、リスク管理という名のもと、**大人の都合に偏った教育をすることで、子どもたちにとっては息苦しい場となり、息切れしてしまう子どもたちはやがて学校に来られなくなる**ことを理解しなければなりません。

中学校が、さらには社会そのものが変わってくれたら、救われる子どもたちが増えると思っています。その目的すら子どもたちに説明できないような校則があるために、学校の校門で排除されてしまう子どもたちがたくさんいることを、私たち大人はこれからも忘れてはいけません。

インターネットの普及で、今や学校に行かなくてもオンライン学習だけで東京大学に入学できる学力をつけることだって可能な世の中です。そうした中で改めて、小学校という場所が子どもたちにとって、どういう場所であるべきか。学力ではなく、**学ぶ力を付ける場所として、小学校で教師は何をすべきか**を、まずは教師一人ひとりに考えていただければと思っています。

③のまとめ

●子どもが違和感を覚えた時こそ大切な学びのチャンスだと考える

●多様性に触れながら育った子どもたちは社会の違和感すら学びに変える力を持つ

●リスク管理という大人都合の教育は子どもたちの居場所を奪ってしまう

④教職員が共に学び合う職員室

私が校長を務めていた時、よその学校では隠したがる職員会議すらも、大空小学校を視察に訪れた人たちに開放していました。

もちろん子どもたちの個人情報や、家庭の状況など、プライベートな内容に話が及ぶ際は、退室してもらっていましたが、それ以外に隠すことは何もありませんでした。それくらい風通しの良い職員室だったのです。

ある時、視察団の皆さんがいる前で、私は、自分で良かれと思ったことを教職員の前で提案しました。しかし、すぐさまベテランの教職員（通称ババ研）から、

「校長先生、それはアカン」

とダメ出しがありました。そんなことをしたら、こうなるのではないかと、冷静に

先を予測した指摘には説得力がありました。すると、若い教職員もザワザワしはじめ、そうだそうだ、という雰囲気が職員室に満ちてきます。

「じゃあ、却下！」

と言い出しっぺの私も素直に取り下げるのです。

そんな様子を見ていた視察団の方は、

「大空小学校では、校長先生の意見も、一言で却下されてしまうんですか」

と驚きますが、「ほかの学校は違うんですか？」と冗談めいてお応えできるほど私の気持ちは晴れやかでした。


自分の意見を堂々と言える現場というのは、つまり、ほかの人も堂々と思っていることを言える現場ということを意味します。そういう空気の中で発案した意見だからこそ、違う意見が出た時は、

「そう言われたら確かにそうやな」

と、「自分が気づかなかったことに気づいてもらい、それを指摘してもらった。次からは気をつけよう」という気持ちになるのです。

大空では、先生が子どもたちを指名しないという話を先にしましたが、職員室でもそれは同様で、私が誰かに意見を求める時、指名するということは原則ありませんでした。自分たちが職員室で学び合っていることを、教室にそのまま持っていける環境をつくるということが、重要なのです。

つまり大切なのは、**職員室の空気も教室の空気も同じ空気で満たす**ということ。そうすれば、私たち教職員は、大人同士の対応とわけ隔てることなく、子どもたちの声に耳を傾ける空気が生まれます。そういう雰囲気に身を置いているからこそ、大空の子どもたちはのびのびと自分で考えた意見や疑問を口に出して大人たちに伝えられるようになるのだと考えています。

学校全体を、子どもが学ぶ場と考えている大空では、職員室も当然、大切な学びの場です。そのため、教室に居づらくなった子どもたちが職員室で勉強することもしばしばです。すべての教職員がすべての子どもたちに関わっている学校づくりをしていれば、職員室は知らない先生たちが集まる行きづらい場所ではなく、自分の味方がたくさんいる、安心できる場所に変わります。

大空小学校が初任校となった教職員は、大空を卒業して中学校に入った子どもたちと同様に、新しい環境で戸惑うこともしばしばあると聞きます。ベテランの先生の授業を見せてもらおうと、先生について教室に入ろうとしたら拒否され、挙句の果てにガラスに画用紙を貼られて中が見えないようにされるという洗礼を受けたという話も冗談交じりに聞こえてきました。「それが世間」と励ますしかないのですが。

そのため、大空を卒業する先生にも、次の環境へ行くためのオリエンテーションを、実際にそれを経験した教職員が担当してくれていました。

冗談のような話ですが、それが現実です。

そうした学校では、職員室で、子どもたちのことを一番に考えている若い先生が足を引っ張られるケースも多々あるようです。そんな時こそ、**自分は学びの専門家であるという意識を忘れないで欲しい**と思います。

その意識さえあれば、自分に向けられるさまざまな不本意な言葉に対し、「そうか、そういう見方もあるのか」といったように、矢がマシュマロに変わってきます。

④のまとめ

- 自分自身が堂々と意見を言える現場なら
ほかの人も堂々と思っていることを言える
- 職員室の空気も教室の空気も
同じ空気で満たすことが大切
- 自分たちが職員室で学び合っていることを
教室にそのまま持っていける環境をつくる

⑤大人は子どもをジャッジしない

教室で子どもたちが喧嘩した際、大人は自分の目線、価値観に照らし合わせた上で、どちらが悪いかを判断し、原因をつくった子どもに、謝るよう指示してその場を解決してしまうことが多いと思います。

しかし、私が絶対にやってはいけないと思っているのは、このように**大人が子どもたちをジャッジすること**です。

では何をすべきか、それは**当事者の間に入って、丁寧に通訳をしてあげる**ことだと思っています。

「何で殴ったの？」
「何で殴られたと思う？」

「暴力はいいこと？　悪いこと？」

感情が高まって言葉にできなかったり、そのまま口に出したりしたら、さらに状況を悪化させてしまうような子どもたちの言葉を、大人が通訳してあげることで、子どもたちが、それぞれの立場で理由や経緯を落ち着いて話せる空気をつくりだすことが大切です。そうすればそこから先は、子ども同士で解決しようとします。

こうした子ども同士のもめごとが起こった時、**すべての当事者にとって良い結果を導いてあげるのが、大人の役割**です。それを大人がすぐにジャッジしてしまったら、その場の一時的な解決には繋がりますが、学びには繋がりません。

さらに、こうした問題が起こった時は、当事者だけではなく、周りの子どもたちにとっても、その問題について一緒に考えるチャンスです。

喧嘩している二人の話を周りで一緒に聞くことで、これは二人だけの問題ではなく、同じクラスにいる自分たちにも原因の一端があったのではとか、事前に問題になることを防ぐことができたかもしれない、と考え始め、そのうち自分たちだけで解決しようという空気になっていきます。

ここで大事なことは、当の子どもたちがきちんと納得するまで、大人はその経過を見届けることです。通訳に徹して、それぞれの言葉に耳を傾け、言葉足らずな部分を補って、相手の子に伝えてあげる。こうしてお互いがお互いの言葉に満足すれば、家に帰ってから、親に告げ口をしたりしません。

学校においては、学びの主体者である子どもたちが満足する状況をつくり出すことが大切なのです。さまざまなトラブルが起こっても、周りが騒がしくても、子どもたちがしっかりと集中して勉強する姿勢を身に付けていれば、「気が散って勉強できない」という不満は生まれません。大空では常に、こうしたトラブルから議論が生まれ、対話が始まります。

ところが、半ば強引に大人のジャッジによって解決していたのでは、子どもは納得しません。そのため、家に帰ってから親に納得できていない気持ちを話し、それがクレームとなり、いわゆるモンスターペアレンツを生むのです。

ちなみに、私が在籍していた期間中、大空小学校では、モンスターペアレンツはゼロでした。大空のように地域に開かれた学校づくりを行い、**保護者＝サポーター**という意識で学校づくりに参加してもらえば、**地域の人みんなが学校をつくる主体者**ということになります。

主体者になれば、自然と文句が意見に変わります。そのため、自分の子どものことだけを考えた独りよがりなクレームではなく、本気でより良い環境をつくろうという思いが詰まった貴重な意見に代わるのです。

こうした保護者の変化は、学校行事にお寄せいただく感想の中にも見て取ることができます。

運動会を見学しに来てくださる保護者のみなさんに毎年アンケートをお願いしているのですが、1年目は、自分の子どものことだけを書いていたお母さんが多かったにもかかわらず、翌年には、

「すべての子どもたちがありのままに受け入れてもらい、みんなで協力し合って一つ

のものを作り上げる姿は本当に感動でした」

といったように、自分の子どものことだけを書いている方は一人もいらっしゃいませんでした。ともすれば、自分の子どもさえ良ければよいと、他人の足を引っ張る風潮すら垣間見える今の社会で、すべての子どもたちの、目に見えない力をしっかり見てくれていると、うれしくなりました。

⑤のまとめ

- 大人は子どもをジャッジしない
  子ども同士の通訳に徹すること
- クラスで何か問題が起こった時は
  当事者だけではなく、全員が学ぶチャンス
- 子どもが自分で納得して帰宅すれば
  モンスターペアレンツは生まれない

⑥失敗から子どもたちは生きる力を学ぶ

「自分がされていやなことは人にしない。言わない」という大空小学校のたった一つの約束を破ったら「やり直し」をすることは既に述べましたが、実は大人で一番はじめにやり直しをしたのは、校長であった私自身でした。

このエピソードは、私の**大空での原点**として、講演会でもよくお話ししているのですが、大人も子どもも、ある一人の子どもから多くの学びを得た貴重な出来事でした。

「この子さえおらんかったら、いい学校つくれるのに」

ここまでお読みいただいた方は、同じ人物が発した言葉とは思えないと思われるかも知れませんが、大空小学校開校の記念すべき日に、ある一人の子どもに対し、まぎれもなく私自身が思ったことです。

多くの方にご尽力いただき、たくさんの苦労の結果開校した小学校だったこともあり、私の中には、必ず良い学校にしたいという気持ちがありました。そんな中、入学式の日、講堂の中を大声を出して走りまわる一人の子どもがいたのです。転校してきたばかりの6年生の子でした。

「これからみんなで良い学校をつくろうとしているのに……」

今思えば、「良い学校」の意味すらも分からないまま、無意識のうちにみんなからその子の存在を排除していたのです。

その後も、この子には、教職員みんなが手を焼いていました。しかしある時、問題児だと決めつけて見ていたその子が、ある若い先生に対してとった意外な行動を垣間見てから、それまでの自分がとってきた行動を恥じ、子どもたち全員の前で懺悔《ざんげ》したのです。

ある雨の日に、廊下を走って逃げるその子のことを追いかけた先生が、足を滑らせて「ドスーン」という音を立てて、しりもちをついたのです。その子にとっては、つかまらずに逃げ切るチャンスだと誰もが思った瞬間、戻ってきて、その先生のおしりをさすりながら「痛いね、痛いね、痛いね」と口にして、心配していたのです。その姿は私をはじめ、その場にいたみんなの心を打ちました。

そして次の全校朝会で私はこの話をみんなの前でしました。その子に対する謝罪の意味を込めたやり直しです。

その後、不思議なことに、その子は嘘のように落ち着いて学校で過ごすようになりました。

何かうまい解決法が見つかったわけでもない、教職員が増えたわけでもない。ただ**変わったのは、その子を見る周りの子どもや大人たちの目**だけです。

「落ち着きがなく、すぐに逃げ出す子」というその子の個性の一部だけを見ていて、その子が併せ持つ、やさしさや本質を見逃していたのでしょう。そして、そのやさしさにみんなが心を動かされたのです。**学びのあるところには感動がある。そして愛が生**

まれる。この瞬間から、大空小学校は、子どもも大人も学び合い、育ち合う学校へと変化していったのです。

子どもは目の前の大人たちを見て育ちます。学校の中で失敗するということは、それだけ動いているということの表れ。**大人が失敗した際、やり直しする姿を子どもたちに見せることで、子どもたちと大きな信頼関係を築く**ことができます。

こうした繰り返しの中で、「これっておかしいよね?」と大人と子どもが一緒になって学び合う空間は、出来上がっていくのではないでしょうか。

良い学校とはどんな学校でしょう。それは、

「自分の学校は、良い学校だと思います」

と、子どもたち一人ひとりが言えるような学校であるということを、この出来事から学びました。

その後、職員室では、転校してくる子どもたちについて、前の学校の見立てを真に受けるのではなく、**先入観を排除し、自分たちの目でしっかりとその子を見ようという空気**が自然と生まれてきました。

また、問題を抱えて転校してくる子どもを迎える際は、教職員はもちろん、これから一緒に学ぶ子どもたちにもきちんと状況を説明するようにしていました。主体性を持って考え、学ぶことを大切にする上で、他人の意見や先入観に惑わされず、自分で判断することの大切さを、子どもたちに伝える良い機会でもありました。

⑥のまとめ

- 子どもの個性の一部だけを見ていると
その子が併せ持つ本質を見逃してしまう
- 問題を解決した時に変わっているのは
当事者ではなく周りの子どもの目
- 大人が失敗した際やり直しをする姿を見せることは
子どもたちと大きな信頼関係を築くチャンスになる

⑦大空の根幹をつくった全校道徳

大空小学校の教育で、一つ特徴的なものを挙げるとしたら、月曜日の1時間目に行われる「全校道徳」でしょう。実は、この授業、私のある失敗から、年度の途中にも関わらず、教職員と相談して始めたのです。

開校当初は、校長であった私の講話を行っていました。すると、2年生の男の子が、「校長先生、お話終わり！」と叫んだのです。すると、その声に救われたかのように、私の話を聞いてくれていたと思っていた子どもたちまで、ざわざわし始めました。

つまり、大人の空気を読んで、私の話を聞いてくれていたにすぎなかったのです。**本当に思ったことを口に出して言える子がいるから、学び合うことができる。**改めて、そうした子どもたちを学びの場から排除してはいけないと、感じました。

こうした反省から、校長の一方的な話をするだけではなく、子どもと大人が一緒に学び合える授業ができないかと、知恵を振り絞ったのが、この全校道徳です。

全校道徳は、**正解のないテーマ**を毎週決めて、サポーター（保護者）も、地域の人も、教職員も、子どもの中に入って、そのテーマについて、みんなで話し合う学びの場としてスタートしましたが、その後「大人は邪魔、正解を言い過ぎ」という子どもたちからの意見を尊重し、子どもと大人はグループを分けて、学び合うことになりました。

具体的な進め方は、テーマが発表されると、6年生がリーダーになり、1年生から6年生までがまぜこぜのグループを作ります。そこで1年生から順番に自分の意見を、15分ほどかけて出し合ったあと、6年生が各グループで出た意見を、全員の前で発表します。この際も、司会が誰かを指名したり、挙手させたりということはしません。まさに、あうんの呼吸で、互いが譲り合いながら、**自主的に自分たちのグループの意見を自分たちの言葉で発表**します。

例えば、

「大空のみんなは　どんな人たちに　どんなありがとうを伝えますか」

というテーマで学び合った際に出た意見は次のようなものでした。

「友だちや家族や教職員に、助けてくれてありがとう」
「パトレンジャーさんに、見守ってくれてありがとう」
「図書レンジャーさんに、読み聞かせをしてくれてありがとう」
「地域のみなさんに、支えてくれてありがとう」
「一緒に大空の音楽をつくってくれるみんなに、ありがとう」

こうした意見を聞くことで子どもたちは、**自分たちの周りにいる「みんな」を意識**することができるのです。

全校道徳では、その場で出た意見を分類したり、まとめたりすることはしません。そもそも、道徳に正解などありません。また、多くの人から出た意見が正しいというわけでもありません。ただし、教室に戻った際には、子どもたちはふりかえりシートに思い思いに自分の意見を書きます。**その場では発言できなかった子も、友達の意見を聞いている中で、自分の意見がまとまってくることがよくある**からです。

こうして友だちや大人たちのそれぞれ異なる価値観に触れることができ、こうした時間の積み重ねが、大空小学校の根幹となっているのです。

この経験からも、いろいろな個性を持った子どもたちが、いろいろな意見を持っている学校の中で、ややこしい子だなあと、教室を分けて学ばせてしまうことは、本当にもったいないと思っています。

いろいろな友達がいて、いろいろな発想をする。そしてそれを互いに認め合う。そうした空気の中で過ごすことが、子どもたちにとってはかけがえのない成長の機会になります。もっと言えば、そうした子どもたちの関係性を、しっかりと見つめることは教師にとっても大きな気づきと学びになるのです。

大人が正解を決めてしまったら、そこから外れる子どもたちが居場所を失ってしまう。そのことを教える側はしっかりと認識しなくてはなりません。

ちなみに、この全校道徳で子どもたちが書いたふりかえりシートは、テーマごとにファイリングして、今でも校長室に並んでいます。

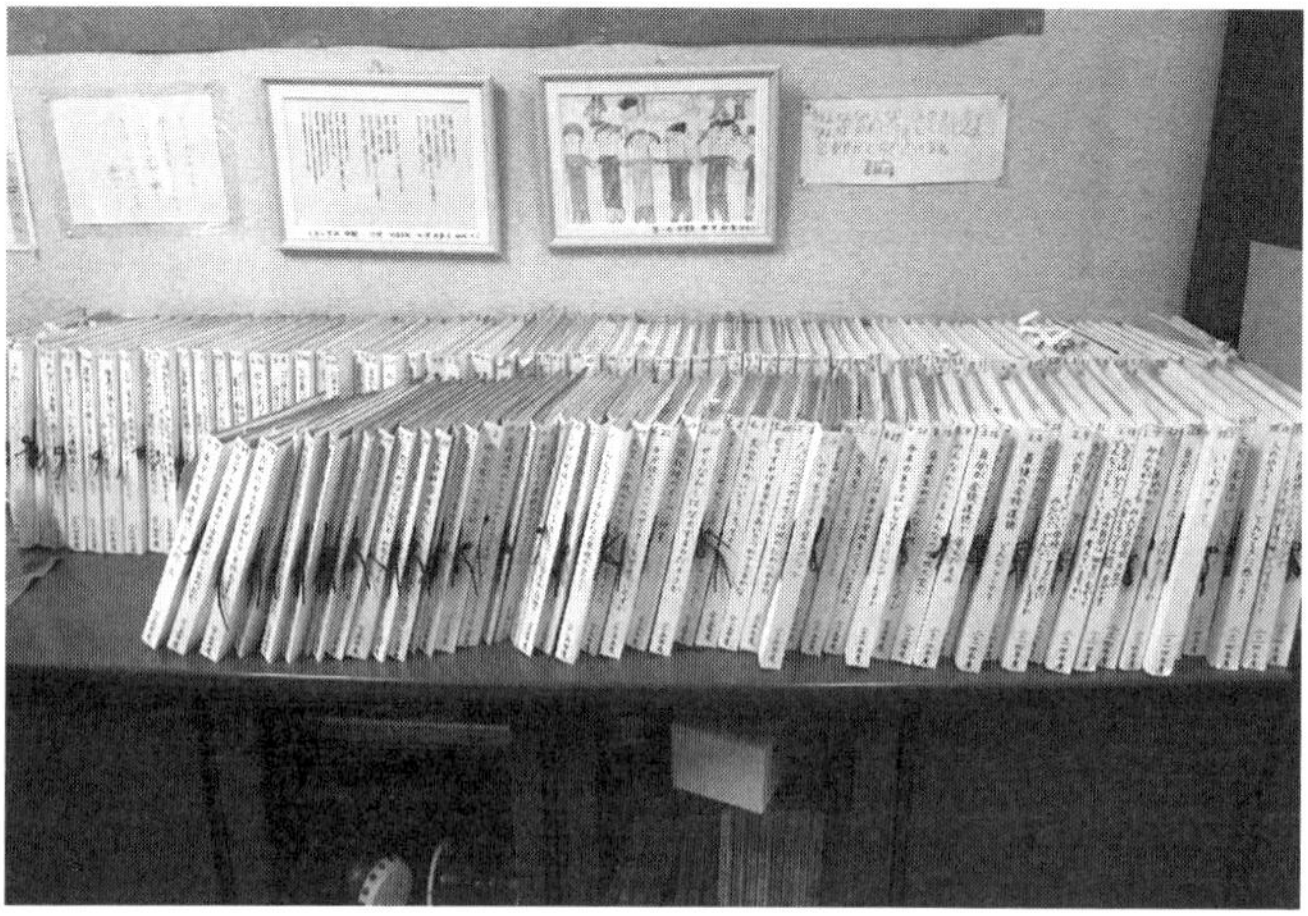

校長室に並ぶ、子どもたちの考えが詰まった「ふりかえりシート」

⑦のまとめ

●本当に思ったことを言える子がいるから
子どもも大人も学び合うことができる

●多様な発想をする友達がいる。そしてそれを認め合う
そうした空気の中で過ごすことが、大切な成長の機会

●大人たちが正解を決めてしまったら
そこから外れた子どもは行き場を失う

⑧いのちを守る学習

全校道徳に加えて、もう一つ大空が大切にしている学びについてご紹介します。

3・11を経験し、これまでの避難訓練を見直すことにしたのです。

あらかじめ訓練だと伝え、教師の指示通りに動くだけの避難訓練にどんな意味があるでしょうか。私たちが子どもたちに身に付けて欲しいのは生きる力。文字通り、こうした**想定外の災害の時に誰一人命を落とすことなく生き延びる力**をつけなくてはならないと痛感したのです。

こうして開始されたのが「いのちを守る学習」です。

自分の命は自分が守る。隣の人の命を大切にする

というテーマのもと、地元の大学との小大連携により、さまざまな分野の専門家である先生方に、子どもたちにも理解しやすい内容で講義をしていただき、子どもたち一人ひとりが、地域の大人たちと共に「いのち」の重みや、尊さを学んでいます。

先の東日本大震災で、明暗を分けた二つの小学校の話をご存知でしょうか。一つの学校は、学校の裏山に登ろうと提案した子どもの声を遮り、先生の指示に従わせて、訓練通りの退避場所にとどまったために多くの犠牲者を出しました。しかしもう一つの学校は、その場の状況を各自が自主的に判断し、高所へ避難することで多くの命が救われたそうです。

非日常の力は、日常の中でしか養うことはできない

私たちが子どもたちの自主性、考える力、行動する力を大切にするのは、こうした想定外の出来事に対応するためです。

そこで、**想定外の事態に対応する能力こそが、自分の命を守ることに繋がる**と考え、避難訓練を改良し、予告なしで行う「いのちの学習」を行うようになったのです。いざ、地震や津波が起きた時に、避難する際は、想定外のことばかりに遭遇するでしょう。そうなったら、シナリオ通りにただ実施しただけの避難訓練では、かえって子どもたちを迷わせるだけです。

大空の子どもたちは、日頃から周りの状況がどうであれ、学習に集中する力を身に付けています。そのため、**校内放送もたった1回**しか流しません。初めから1回しか流れないと分かっていれば、その1回を聞き漏らすまいと、「ピンポンパンポーン」と鳴ったら、みんなが聞き耳を立て、集中してその内容を聞くのです。こうした何気ない日常のルールからも、子どもたちはしっかりと生きる力を育んでいます。

「自分の命は自分が守る。隣の人の命を大切にする」

という目的を達成するために、自分はどのように行動すればよいか、自ら考えて判断できるようにするためには、「集団行動」と何ら変わらない、教師主体の訓練ではなく、子どもたちに繰り返し課題を自ら考えさせ、それを自分の言葉で文章にするという体験と振り返りが大切です。

6年生は1年生の気持ちは分かりません。しかし1年生の書いた文章を読むことで、1年生がどんなに怖い思いをしたのかが理解できるのです。

「足が速い6年生が、遠くの階段を使えば、近くの階段を1年生が使うことができたかもしれない」

と、ある6年生が自分の考えを書いていましたが、しっかりと隣の人の命を大切にするという意味を理解してくれたと頼もしく思いました。

また、防災というキーワードは、学校と地域をうまく結び付けてくれることにも気付きました。

災害時の緊急避難場所として、地域の学校が指定されているケースが多いと思います。しかし、一つ誤解があります。そこに通っている教職員は、地域の人間ではないことが多いのです。有事の際はそれぞれに戻らなければいけない場所があります。つまり、学校は避難場所に過ぎず、いざという時にその場所を切り盛りするのは、教職員ではなく、地域の人なのです。

そう考えると、自分が暮らす地域の学校に、自分の子どもが在籍している間だけ関わるのではなく、日頃から関わっておくことの必要性をお分かりいただけるのではないでしょうか。

⑧のまとめ

- 自分の命は自分が守る。隣の人の命を大切にする災害時に誰一人命を落とさず生き延びる力を学校で養う
- 非日常の力は、日常の中でしか養えない想定外の中で生きる力を身に付ける
- シナリオ通りの避難訓練の繰り返しはかえって子どもたちを迷わせるだけ

⑨どんな環境にも順応できる集中力を

大空小学校を訪れた方が興味を示してくださることの一つに、子どもたちの集中力があります。例えば、講堂に全校児童が集まって先生の話を聞いている時、1年生の誰かが大きな声を出しても、6年生は振りむくこともなく、それまで通り先生の話を聞いています。

入学式で1年生が神妙な顔をして座っている時に、誰かが大きな声を出した時、もちろん初めての経験にびっくりして、みんなが一斉にその子の方を振り返ります。そんな時は、「みんな、大丈夫。みんなは心配せずに、お話を聞こう」と説明すれば、その場はすぐに安心感で満たされます。ここで、誰か先生が、騒いだ子を引っ張り出したり、叱ったりしたら、1年生は次の日からその子を見る眼を変えてしまうに違いありません。

大空小学校ではいろいろな個性を持った子どもたちが一緒に学んでいます。そのため、四六時中にぎやかなのは事実です。そんな様子を見て、「授業中に騒ぐ子どもがいて、ほかの子どもたちの妨げにならないのですか」と心配される方もいます。

そうした心配は当然でしょう。そこで、大空では発想を変えたのです。騒がしい子どもを無理に押さえつけるのではなく、そうした環境の中でも、**集中して勉強できる姿勢を身に付けさせるのが、学校がやるべき仕事**であると。

例えば、全校道徳の際、ホワイトボードにテーマを書き始めると、気になるのか、書いたところから読み上げます。そうした時には「先生、今書いてるし。きちんと黙ってみとき」と伝えます。子どもたちの自主性に任せるということは、何をやっても許すということではありません。明確な目的があって、子どもたちに必要な力を付けさせる時には厳しく指導することももちろんあります。

こうしたやりとりを繰り返すと、自然と「人が何か書いている時は黙って見ている」ということを学びます。そして、しゃべれないからこそ、むしろ集中してホワイトボードを見るように子どもたちの姿勢が変わっていくのです。これは授業を成立させるための空気です。そしてこの空気は、マニュアルに頼っていては、決してつかむことができません。

また、教室で突然誰かが大きな声でしゃべりだすと、大抵の子どもは、その子のほうを見ます。こうした際、もちろん自分の今の学習に集中するよう注意をしますが、加えて、こうした瞬間も先生の関わり次第で、その瞬間を学びに変えることができるのです。

つまり、周りからじっと見られたその子が、どれほど不安で嫌な思いをするかについて、ほかの子どもたちが気付くチャンスなのです。そのためにたった一つの約束があるのです。

「先生の言うことを聞いて、勉強に集中しなさい」という命令で、子どもをおとなしくさせることは可能かもしれません。しかし、教室で静かに先生の話を聞いている子は良い子、そうでない子は悪い子。教師の方がそんな風に子どもに伝えていたら、子どもたちは「静かにしていられない子＝悪い子」という認識しか持てなくなってしまいます。それが、やがては排除やいじめに繋がるのです。

教師は**自分の言葉にこうしたリスクがあるということをしっかり認識すべき**ではないでしょうか。

大空小学校には、見慣れた地域の人たちのほかにも、全国からたくさんの人たちが訪れます。そして、授業中にも、自由に教室に入ってきます。しかし、そうした大人たちをいちいち見たりしません。集中力があるというより、その環境に慣れたというほうがあっているかもしれません。

社会に出て生きていくには、自分の思った通りの理想的な環境ばかりに遭遇するとは限りません。そんな時にも環境に惑わされず、自分がやるべきことに集中する。そんな力を身に付けて欲しいと思います。

また、集中力は生きる力にも繋がります。前項で紹介したように、大空小学校では、校内放送は1回きりです。1回しか流れないと知っているからこそ、その1回に集中できます。こうした環境になれていれば、災害時などのアナウンスなどを聞き漏らすことなく、その時に必要な情報をしっかりと得ることができます。その上で、**日頃からの学び合いを通して養った、主体的に考える姿勢で、その場その場を判断し、合理的に行動することができる**と考えています。

⑨のまとめ

● 騒がしい子どもを無理に押さえつけるのではなく
そうした環境でも集中できる姿勢を身に付けさせる

● 自分の指導や言葉が子どもたちにとって
排除やいじめに繋がるリスクがあることを意識

● 社会は自分の思った通りの環境ばかりではない
そんな時にも環境に惑わされず集中できる力を

⑩ 教育の神様からの教え

子どもたちが学び合い、育ち合う教室。最近はアクティブ・ラーニングという言葉も盛んに聞かれますが、私はまさにその風景を、1970年代に経験した小学校の教育実習で目の当たりにしました。

私を担当してくださった先生は、2週間の実習期間、私が授業のやり方を尋ねても、「良い授業なんてできないから。自分のやりたいようにやりなさい」と、一切指導してくださいませんでした。

体育会系だった私が給食を食べられないほど、緊張した空気の中で2週間を過ごしたのです。そんな中、私ができた唯一のことは、その先生の授業を見学しながら、自分が見たこと、感じたことを、詳細にノートに書き連ねることだけでした。

先生からのフィードバックを期待して、毎日帰り際にノートを提出するのですが、翌朝返却されたノートにはコメントはおろか、サインすらもなく、見てくださっていたのかどうかも分かりませんでした。

そんな毎日が続いていたのですが、教育実習最後の日、実習校の教頭先生に言われたのが、次の言葉です。

「君は運がいい。あの先生は教育の神様ですよ」

当時、私にはこの言葉が意味することを全く理解できませんでした。正直「どうしてあの先生が神様?」という気持ちでいっぱいでした。

実際どのような授業だったかは、今でも鮮明に覚えています。特に印象的だったのが道徳の授業でした。

いつものように起立・礼もないまま授業はスタートしたのですが、その先生は突然、紙を折り始めたと思ったら、それをビリビリと破いて、紙吹雪のように、子どもたちの目の前にばらまいたのです。そして一言。

「みんな、掃除してくれる？」

するとＩ子どもたちは競うように、各々のやり方で掃除を始めました。そして数分くらいで掃除し終わると、席にもどって座りました。そして先生が一言。

「すごいね。良くできたね。でも、どうして掃除の時間には同じことができないのかな」

その言葉を皮切りに、子どもたちは議論を始めたのです。さまざまな意見を出した上で、最終的には、自分たちがそれまで掃除を一生懸命やっていなかったということに自らが気付き、「普段の掃除も全力でやろう」という結論に達し、その授業は終了したのです。


ちなみに、私も教員になりたての頃、同じことを自分のクラスで試してみたことがありましたが、結果はと言えば、「自分で散らかしたんだから、自分で掃除しいや」と子どもたちに言われて終わりました。形だけでは通用しないということを、その時しかと学びました。

実は私は、中学校の体育教師を希望していたのですが、実際に配属されたのは小学校でした。正直戸惑いながら授業をしていたのですが、私が見た授業は、教育実習の時の「神様の授業」だけだったので、その通り見よう見まねでやるしかありませんでした。そしてそれは、結果的にその後私のスタンダードになっていったのです。

教員になってしばらくした後、ふと教育実習の際に書いたノートを見返してみました。すると、当時は全く気付かなかったのですが、最後のページにこう書いてあるではないですか。

流れる水の如く、流されるのはいとも容易く、逆らうことは困難を極める

それを目にした時、初めて教頭先生が神様だと評したことを理解したのです。

教師という存在は子どもたちに「学び方」を教えればそれでよい。一方的に教えてもらったことはすぐに忘れてしまうけど、自分で考えたことはずっと自分の体験として残る。

そんな風に**自ら学ぶ力さえ小学校で身に付けてしまえば、どこでも主体的に学び、その学びを生きる力に変えることができる**のです。

⑩のまとめ

- 教育実習の時に垣間見た神様の授業がその後、私の授業のスタンダードに
- 一方的に教えられたことはすぐに忘れるが自分で考えたことは自分の体験として残る
- 自ら学ぶ力さえ小学校で身に付けてしまえばどこでも主体的に学び、生きる力に変えられる

第 4 章

生きる力を支える論理力

出口 汪

新しい時代に求められる力

第2章で、新しい時代には新しい教育が必要であると指摘しました。今後、自分の頭で考える力を子どもたちが獲得できるよう、教育の現場は意識を変えていかなければなりません。

毎年新入社員を迎える時期、テレビや雑誌で、「**指示待ち族**」とよばれる若者がクローズアップされますが、これぞ、これまでの教育が今の時代にそぐわないことを示す典型的な例です。

かつての日本型雇用システムは、終身雇用を前提としており、大企業はそれぞれ、じっくりと時間をかけて、大学を卒業したてのまっさらな新入社員に、自社の理念を刷り込み、必要なスキルを身に付けてもらうのが一般的でした。

ところが、時代は変わり、終身雇用制度の崩壊や、コストカットに伴う研修制度の廃止などにより、即戦力が求められるとともに、新入社員に対する期待度も高まってきました。

そんな期待をよそに、多くの新入社員は、自分で主体的にものを考えず、誰かが正解を持っていると無意識のうちに信じ込み、ただ指示を待っているだけの「指示待ち族」と呼ばれ、問題視されるようになってしまったのです。

なぜこうした弊害が起こるのでしょうか。それは、**これまでの日本の教育システムが、時代とともに変化することができなかった**からと言わざるを得ません。

そして、特に難関大学に合格する学力を備えるため、猛勉強してきた人たちこそがそうした教育の犠牲になっているのです。

これまで、虫食い式に、そこに当てはまる知識をいかに多く記憶するか。また、解法パターンを暗記し、いかに時間内に要領よく問題を処理できるか。こうした能力が、受験に必要とされてきました。

そのため、教師は正解をいかに多く教えるかといった視点で授業を行ってきましたし、それを求められてきました。加えて、教師にとってこれほど楽な授業はありません。物事を体系的に教える必要はなく、覚えられない子には「努力が足りない」と、落ちこぼれのレッテルを貼ればいいのですから。


今や膨大な知識を詰め込まなくても、検索すれば簡単に調べることができます。計算はコンピューターの仕事になりました。漢字もスマートフォンが変換してくれます。もちろん、物事の基礎となる最低限の知識は身に付ける必要がありますが、それも、丸暗記というよりは、理解して使いこなす中で次第に身に付けていくことが大切です。

先ほどの、指示待ち族が問題視されているということはつまり、

誰かの指示をただ待っているだけではなく、自分で主体的に考えて行動する
さらに、これまで正解とされてきたからといって、疑うことなく踏襲しない

といった社員が求められているということではないでしょうか。

そう考えると、これからの社会に求められる力は、これまでとは全く違うものになることは明白です。具体的には、**調べる力、確かめる力、考える力、表現する力**です。

以上、社会で求められる力について少し説明しましたが、第2章でも触れたように、2020年、大学入試制度が大きく変わります。従来の知識偏重の教育を是正し、自分で問題を発見し、考える力を育む、という文科省の方針はつまり、たった一つの正解などどこにもないのだから、**さまざまな角度から物事を多角的に捉え、その中から相対的に最も適切なものを選びとる力**が21世紀には求められるということにほかなりません。そして、こうした21世紀型学力が、今の子どもたちに求められているのです。

21世紀型学力の浸透を阻むもの

さきほど、21世紀型学力と比較して、旧来の20世紀型学力は、教える側も楽だったと申し上げました。裏を返すと、これからの社会に必要となる**21世紀型学力を子どもたちが身に付けるためには、教師一人ひとりの手腕にかかっている**と言えます。

また、日本固有の風土・文化が、新たな力として求められる、**クリティカル・シンキング**の導入を難しくしているという側面とあわせ、日本が旧態依然の教育から抜け出せない背景を整理しておきましょう。

教育現場の仕組みを変えるということは、これまでの古い仕組みで問題がないと感じていた教育産業にとって、大きなリスクになる可能性があります。そうなると彼らからの守りという名の大きな抵抗が予想され、肝心の教育の現場に浸透しないのではないか、という心配があります。

もう一つ、**さまざまな角度から物事を多角的に捉え、その中から相対的に最も適切なものを選びとる力と定義ができるクリティカル・シンキング**が、私たち日本人に理解されにくいのではという危惧があるのです。

物事を明確に示さず、何事も察する風土・文化の中で生まれ育った日本人にとって、クリティカル・シンキングという考えは馴染みません。そうした、能力を子どもが獲得するのは大変難しいと予想されます。

例えば、現行の小学校の国語の教科書は、かつての読解中心のものとは異なり、子どもたちにグループで話し合いをさせたり、調べて発表させたりと、文科省の方針を受けて、かなり工夫されたものになっています。

しかし、残念なのは、課題文を読ませた後、「感想を話し合いましょう」「意見を発表しましょう」といった設問を追記しているに過ぎず、クリティカルな思考をどうやって身に付けさせるかという指針が示されていないため、これではただ、子どもたちが好き勝手に意見や感想を述べるだけに終わってしまいます。

こうした日本の教育にとって一番難しいところに敢えて挑んだのが、「大空小学校」ではないかと考えています。

第3章で木村校長が紹介している、大空小学校の教職員の意識改革、そして、徹底的に自分の言葉にこだわった教育には、こうした日本が抱える教育上の課題を解決するヒントがたくさん隠されていると考えています。

さらには、お子さんがいらっしゃる方や、塾や英語教室といった子どもの教育に携わる方にとっても、子どもに関わる上で大変参考になると思います。

正解が無い授業をどうやって行うのか

２０１６年、小中高校の学校教育の基準となる学習指導要領が、約10年ぶりに改訂されました。そのなかで目玉とされているのが、これまでの知識偏重型から脱却し、思考力や表現力を主体的に育むアクティブ・ラーニングです。文科省では次のように説明しています。

「伝統的な教員による一方向的な講義形式の教育とは異なり、学習者の能動的な学習への参加を取り入れた教授・学習法の総称。（中略）教室内でのグループ・ディスカッション、ディベート、グループ・ワークなどを行うことでも取り入れられる」

現在、こうした児童・生徒参加型の双方向授業の方法を確立している学校は多くありません。２０２０年より、小中高の授業で順次導入される予定ですが、方法が分からないという不安、そして今までのノウハウを活かすことができないという理由から、試験的にでも導入しているという学校は、まだまだ多くないのが現状なのです。私が、今後教育の現場が混乱するのではと危惧しているのはこうした理由からです。

こうした状況から、今後教師は単に知識を教える役割に徹するだけでは不十分で、試行錯誤しながら、**子どもたちと協力して授業をつくるという新たな役割を背負う必要がある**でしょう。

アクティブ・ラーニングについては、その手法にばかり目が行きがちですが、大切なのはやはりなぜ今、アクティブ・ラーニングといった新しい手法が必要なのかを、先生一人ひとりが理解することです。

例えば、文科省が新しく打ち出した国語教育の方針は、「**話す**」「**聞く**」「**読む**」「**書く**」**の４つの技能バランス**を良く伸ばすことを目的としています。

このうち「読む」「書く」については、これまで通り、先生が子どもたちに講義形式の授業で教えることができたのですが、「話す」「聞く」については、先生と児童・生徒という双方向の授業スタイルにする必要があるわけです。

先生の質問に答えるだけではなく、自分の意見を話す。友達の意見を聞く。さらにそれについて感じたことを話す。疑問があれば聞く。友達の疑問にも耳を傾けて一緒に考える。こうして、多角的に物事を捉えながら、正解が一つではないことを子どもたちは学んでいきます。

つまり、**アクティブ・ラーニングとは、子ども一人ひとりが自分で問題を発見し、それを話し合い、発表するという、先生と子どもたちが学び合う学習**なのです。これまでのように、先生が正解を持っていて、子どもがそれを受容するという授業スタイルを大きく変えていかなければならないという意識を先生方は持つ必要があります。

教育実習が変えた木村先生の教育観

大空小学校の話を聞けば聞くほど、子どもたちの自主性に驚かされるのですが、教育のベースにあったのは、まさにアクティブ・ラーニングです。

第3章で木村先生が教育実習でのエピソードを紹介していますが、実習先で見た授業はまさにアクティブ・ラーニングそのもの。一九七〇年代の話だと言いますから驚かされます。先生から聞いたお話で、とても重要だと思ったポイントがありますので、ぜひ紹介したいと思います。

教育の神様と言われた指導教諭の道徳の授業を、木村先生も実際に現場で真似をしたそうです。しかし結果は散々だったとか……。

意気揚々と紙吹雪をばらまいて、子どもたちに「さあ、掃除して」と言ったところ、「自分でばら撒いたんだから、自分で掃除しいや」と一蹴されたそうです。その件について、木村先生はご自身でも次のように分析しています。

「形だけ真似しても、子どもたちには通用しません。子どもたちと一緒につくり上げる毎日の空気が大切なんです。空気ができていれば、子どもたちは教師がやることを信じ、次は何だろう、何が起こるんだろう、と期待して待ってくれます。こうした授業は、学期始めから先生と子どもたちが一緒につくる互いの信頼感というベースの上でこそ成り立つということを思い知りました」

まさに、アクティブ・ラーニングそのものが、目的になってしまうのではないかという危険性を鋭く指摘した言葉だと思います。

大空小学校の根底にあったのは、eラーニングなどの進歩により、受験に受かる学力をつけるだけなら、学校に来なくても自宅で可能な時代を迎え、改めて学校が子どもたちのためにすべきことは何かという問題意識です。そうした問題についてすべての教職員が考え続けた結果、「子ども同士が学び合う授業をつくる」という小学校本来の目的に辿り着き、そのために、教師が教えない授業をどうやってつくればいいのかを、子どもたちを巻き込んで考えてきたのでしょう。

「やり直し」から自然に学ぶ言葉の力

私はこれまで、子どもたちにとって論理力がいかに大切かを唱えてきました。論理と聞くとなんだか難しそうと感じるかもしれませんが、私が定義する論理とは、実にシンプルで実用的です。

論理＝筋道。日本語の規則に従って言葉を使うこと

最近の子どもたちは自分で考える力がないと言われますが、考えるためには、言葉を習得することが不可欠です。私たちは、誰もが言葉を使ってものを考えます。つまり、すべてのものごとを言葉で認識し、整理しているのです。

言葉は、生まれつき獲得しているものではありません。人との関わりの中で、後天的に獲得するものです。

小学校の特に低学年の頃は、言葉の獲得に個人差があります。それは家庭環境に大きく左右されます。普段の生活の中で、両親からたくさんの言葉をかけてもらっている子どもと、そうでない子は、自分の中に持っている言葉に開きがあります。**言葉を持たない子は、自分の感情を適切に伝えることが難しい**のです。

映画「みんなの学校」を通して垣間見た大空小学校は、まさに言葉にあふれた環境という印象でした。特に注目すべきは、子どもたちの「**やり直し**」です。たった一つの約束を破った子どもたちが、校長室にやってきて、校長先生とやり直しをします。

そして、このやり直しで校長先生と子どもが交わす言葉のやり取りこそが、対話であり、論理力を自然に身に付けることができる「**論理トーク**」です。

論理トークとは、指導者（親や先生）との間で、論理習得のために行う会話のことです。（論理トークに関しては、水王舎刊「親子で学ぶ　はじめての論理国語　考える力を伸ばすトレーニング」をご参照ください）

論理の基礎としては、

①イコールの関係「つまり」「例えば」
②対立関係「しかし、それに対して」
③因果関係「だから、なぜなら」

の3つがあります。

こうした言葉のやり取りは、お分かりのように、すべて会話の上で成り立ちます。よって、普段の会話の中で、これらを意識するようにすれば、子どもたちは自然に論理を意識した、つまり、相手に伝わるような言葉を話したり、書いたりするようになります。

感情語から論理語へ言葉を変える

みなさんは言葉には2種類あることをご存知でしょうか。
次のように、感情語と論理語に区別されています。

感情語……「ムカつく」「ウザい」「ヤバイ」「ウケる」などのように、感情をストレートに表現した言葉。他者意識がない

論理語……気持ちや状況を、他人に説明するための、筋道が通った言葉。後天的に学習した言葉で、他者意識が前提

例えば、赤ちゃんは、お腹がすいたり、何か不快なことがあったりすると「オギャー」と泣くことで、周りの注意を引こうとします。これでは自分の子どもでもない限り、具体的に赤ちゃんが何を求めているのか、分かりかねます。しかしこれは、まだ言葉を持っていないため、仕方のないことです。

「ムカつく」という言葉も同様です。いくら言葉に出したところで、相手には伝わりません。人と人が分かり合うためには、こうした感情語ではなく「なぜムカついていて、どうして欲しいのか」を、きちんと相手に説明するための**論理語が必要**です。自分の想いや望みを、論理的に相手に分かりやすく伝えなければ、周りもどう対処していいのか分かりません。にもかかわらず、自分のことを誰も分かってくれないと、キレたり、ひきこもったりしてしまうのです。

論理語は後天的に学習によって獲得する言葉と分類しましたが、つまり、生まれ持って備わっているものではなく、**意識しなければ獲得できない**ものです。

子どもが論理語を獲得する上で大切なのは、周りの大人の対応です。

もし、子どもが「ムカつく」「ウザい」などといったら、「どうして?」「何が?」と問い返すようにしてください。良くないのは、大人の方が感情的になって、「そんなこというもんじゃありません」と、その言葉だけを責めて、会話を終わらせてしまうことです。

大人がきちんと質問すれば、子どもたちは、感情語では相手に伝わらないということを自ずと学習し、論理語を使って、自分の考えや要求を伝えるようになるのです。

映画の中で、木村先生がある男の子に次のように話している場面があります。

「友だちのこと、もっと信用せなあかんと思うよ。大空小学校は、自分がつくっている学校です。だから、安心しておれないわけがない」

混沌とした感情や考えを論理で整理することで、冷静に物事を考え、それを人に伝えることができるようになります。そして、**相手に分かってもらえるという体験を積み重ねれば、安心して自分の気持ちを人に話せるようになる**のです。

学校の現場で、日常的にこうしたやり取りを先生と子どもとの間で行うことができれば、子どもたちは先生と信頼関係を築くことができ、さらに学校という場所が、自分を理解してくれ、安心して通える場所に変わるのではないでしょうか。大空小学校の日常はそれを証明してくれているように思います。

テレビやインターネットを見ていると、大人も感情語を使う場面がしばしば見受けられます。もちろん、感情語を一切使うべきではないという話をしているわけではありません。

仲の良い友だちや、恋人同士であれば、感情語で通じ合えることもあるでしょう。しかし、多様化社会と呼ばれ、これまでとは違う価値観を持った人びとが一緒に暮らす世の中では、論理という共通の約束の下に言葉を使わなければ、自分の気持ちが伝わらないだけではなく、誤解を招き思わぬトラブルに発展することにもなりかねません。「分かり合いたい」という思いがあるにもかかわらず、論理が使えないために分かり合えない……そんなことがあったら悲劇だと思いませんか。

先にも言いましたが、**論理とは正しい日本語の使い方**です。だからこそ、子どもの時にしっかりと身に付けてしまうことで、**一生の武器**を手に入れることができるのです。

論理を教えるには、年齢が低いほど効果的であり、しかも、楽に習得できるのです。そのためには、大人が子どもに対して、論理的で分かりやすい会話を心がけることが大切です。

他者意識が他者理解の第一歩

人と人とが分かり合うために必要なことがもう一つあります。

それは「**他者意識**」を持つようにするということ。先ほど、感情語は他者意識がない言葉で、論理語は他者意識を前提としている言葉であると説明しました。

他者意識とは、言いかえると、**人と人はそう簡単には分かり合えないという意識**のことです。

それはなぜでしょうか。

例えば、子どもは幼稚園や保育園に入園することで、初めて、家族以外の他者の中に入っていきます。そこには、いろいろな言動をする子どもたちがたくさんいます。子どもにとって初めて他者と出会う瞬間です。これまで、家の中であれば、お父さんやお母さんの方が理解しようと努め、多少のわがままも通用したかもしれません。しかし、同年代の他者にそうしたわがままは通用しません。何か嫌なことがあった時、感情的に泣きわめくだけでは、自分の要求は受け入れられないことを徐々に学んでいき、論理語を手に入れていくのです。このように、他者意識を持つことで、自然と相手の立場に立って物事を考えることができるのです。

人との関わりをあまり経験していない子どもが、自分の思っていることをうまく伝えることができないのはそのためです。よって、**1年生から6年生という、幅広い年代の子どもたちが共に学ぶ小学校は、他者意識を芽生えさせる上でとても大切な場所**と言えます。

小学校では担任の先生が子どもたちと多くの時間を過ごします。しばらく一緒に過ごすと、子どもについて「**分かっている気**」になっていきます。そうなると、どうしても会話が省略に向かっていき、感覚で伝えようとしてしまいます。また、子どもたちにとって、たくさんの大人と接する機会はそう多くはありません。にもかかわらず、担任の先生だけと関わっていたのでは、せっかく他者意識を芽生えさせる良い機会を奪ってしまうことにもなりかねません。

こうした他者意識を持つことは、論理的に話をする前提となります。つまり、**他者意識がなければ、論理的な会話は成立しません。**

そのため、たとえ親子の間でも他者意識を持って会話することで、また、学校でもなるべく多くの大人たちが子どもに関わることで、子どもたちの他者意識が育ち、自立を促す何よりのサポートになるのです。

大空小学校にある「**自分がされて嫌なことは人にしない。言わない**」という、たった一つの約束は、この他者意識を考えた上でも、とても大切だと思っています。

この約束を破った子どもは、校長室に「**やり直し**」に行くと紹介しましたが、そこで校長先生は、子どもたちに丁寧な問いかけを行います。感情的だった子どもも、自分の気持ちをゆっくりと話しているうちに、だんだんと冷静になってきて、自分がやったことを理解するようになります。

こうしたやりとりを通して、子どもたちは「自分がされて嫌なこと」と「人がされて嫌なこと」は同じではないのかも、と考えるようになります。そしていつしか、「これをしたら相手は嫌がるかな」という他者意識を持てるようになるのです。

多様な価値観や個性を持った人が一緒に暮らす共生社会の中を生きていくためには、他者意識が求められることは言うまでもありません。

想定外に対応する「クリティカル・シンキング」

東日本大震災や福島の原発事故といった、想定外の出来事を私たちは経験しました。そしてこれらの災害は、私たちにまさに「生きる力」の大切さを思い知らせたのです。教科書や先生が示す答えを、無批判に記憶するだけの学習では、こうした非常時に自分で考え、正しい判断を下すことはできません。**インターネット上を行き来する膨大な情報の真偽を確かめ、自分でより適切な判断を下さなければなりません。**

そのために必要な力は、正解は一つではなく、さまざまな可能性の中から最も適切なものを選びとる力です。こうした考え方を、**「クリティカル・シンキング」**といいます。

クリティカルを日本語に訳すと「批判的」という言葉になり、どうもマイナス的なイメージに誤解されがちですが、正しくは、**物事を主観的に捉えるのではなく、さまざまな角度から客観的に捉える力**という意味です。

このクリティカル・シンキングという考え方は、欧米では教育の中にすっかり定着しています。こうした背景の違いからも、これまでのような詰め込み型の教育では、欧米と肩を並べることはできません。

クリティカル・シンキングは論理をベースとした上で初めて身に付けることができる力と言えます。日本人は、長い歴史の中で、「以心伝心」などという言葉が示すように、相手を察することを美徳とした文化の中で生活してきました。そのため、論理を意識してこなかったのです。

こうした日本人が元来苦手としてきた力を養い、グローバル社会で競争していくためには、どういう教育をしていけば良いのでしょうか。

特に大切なのは小学校低学年までに、たくさんの言葉をシャワーのように子どもたちに浴びせる教育です。本の読み聞かせや、丁寧な対話（論理的な言葉のやりとり）

です。学校だけではなく、家庭でもなるべく多くの時間を子どもたちと過ごし、正しい言葉づかいとルールで子どもたちに問いかけると良いでしょう。

クリティカル・シンキングを身に付けるためには、**「因果関係」**を意識することがまず第一歩です。難しいことは決してありません。日常での生活の中で、「何が原因で、何が起こったか」を考えることです。

「友だちと喧嘩したのは何が原因か？」

と考え、その原因が分かれば、次はその原因をつくらないように努力することが可能です。しかし、ここで原因が分からないまま、もしくは大人が一方的に、原因を決めつけ解決してしまったら、子どもたちは次も同じ失敗を繰り返します。もちろん一度や二度ですべてを理解し、行動を改められる子どもばかりではありません。しかし、この**因果関係を一緒に考えることが、子どもたちの生きる力を伸ばす上で大変重要**なのです。

映画の中で、「僕はもう二度と、友達に暴言を吐いたり、暴力を振るったりしません」と紙に書かれた言葉を読んで、「この一瞬一瞬は本物。こうした点と点をいかに繋げられるかが、子どもの可能性なんです」と木村先生が話すシーンがありますが、このように大人との関わりを通して、子どもたちは、自分が経験するさまざまな出来事の意味を理解し、そこから未来の出来事を推測し、人の行動を予測できるようになります。それこそがまさに子どもが持つ可能性なのです。

また、子どもたちが団体生活する上で危険なのは、ステレオタイプ（固定観念）で周りを見てしまうことです。子どもは学校や家庭という狭い集団の中で生活をしているため、**よりステレオタイプで人を決めつけてしまいます。それが差別やいじめに繋がる**のです。

クリティカル・シンキングは、さまざまな角度から物事を捉え、たった一つの答えではなく、複数の可能性の中から、相対的に適切な判断をする能力ですから、子どもをステレオタイプ的な枠組みから自由にしてくれるのです。

SNS時代に求められる書く力とは

次に、新しい時代に求められる「書く力」についても簡単に触れておこうと思います。小学校などではよく「読書感想文」という課題が与えられます。読んだ本の感想を自由に書きなさいと指示されます。文字を書くという上では何かしらの訓練になるかもしれませんが、自分の感想を述べたところで、どのような効果があるというのでしょうか。また、評価基準もあいまいになります。

まず意識しなければならないのは、**現代社会においては、書くという意味が大きく変わっている**ということです。

学校の中では特に、文章を書くということは、基本的には手書きで、特定の人に向けて書いていました。ところが現在、周りを見渡すと、ブログやフェイスブック、ツ

イッターやＬＩＮＥ（ライン）など、不特定多数に向けて文章を書いて発信していま
す。

特定の相手（学校では先生）に書く文章であれば、その相手が理解する努力をして
くれたり、時には質問して、その文章の意図を確認してくれますが、インターネット
の向こう側にいる**不特定多数の相手は、それぞれが都合のいいように勝手に文章を解
釈**します。

そのため、しばしば「炎上」という事態が起こってしまうのです。

「そんなつもりで書いたのではないのに」と思っても、すでに世界中に出回った文章
は、コピーされてシェアされ、削除できないという状況になってしまう。そうなった
ら、一生自分の文章がサーバー上に残り、多くの人の目に触れてしまうのです。

そのため、ノートではなく、パソコンに向かって文章を書く機会が圧倒的になった
現代社会では、**誰の目に触れるかをしっかりと意識し、誰もが誤解なく正確に理解し
てくれる、論理的な文章を書く力**が求められます。

また、こうした時代には、「情報を制した者が成功する」と言うことができます。

例えば、僕は現在、生徒の前で講義は行っていませんが、今なお教え子を持てるのは、僕の講義が映像となって全国に配信されているからです。一度コンテンツをつくってしまえば、それが無限に複製され、より多くの人のもとに届けられます。

コンテンツのカギとなるのは言葉です。言葉を使って、優良なコンテンツをつくり出すことができれば、電子書籍として、環境にも大きな負荷をかけず、多くの人に届けることができる時代なのです。

言葉は誰でも後天的に身に付けられます。日本語の規則に沿って文章を処理したり、不特定多数の読み手に対して論理的に文章を書いたりするための指導を、一つひとつ丁寧に行うことによって、子どもたちは生きるために必要な強力な武器を手に入れることができるのです。

18歳選挙権が意味すること

２０１６年の夏より、選挙権年齢が18歳に引き下げられました。新たに２４０万人の若者が選挙権を得たのです。

日本で初めて選挙が行われたのは１８９０年（明治23年）の衆議院議員選挙でしたが、当時選挙権を持っていたのは、一定の税金を納める満25歳以上の男性に限られており、全人口の１％しかそれに該当しませんでした。いわば一部のエリートによって選挙が行われていたのです。

その後、１９２５年（大正14年）に25歳以上のすべての男性が選挙権を獲得し、男子による普通選挙が実現したものの、つい最近までのように、満20歳以上の男女すべての日本国民が選挙権を持つことになったのは、１９４５年（昭和20年）になってからのことでした。

つまり明治から大正にかけての時代は、大学に行っていたごく一部のエリートが、参政権を持ち、彼らが物事を決定して、大多数の国民は、それに従っていれば良かったのです。

しかしこれからは、自分は政治には無関係と思っていた**18歳、19歳を含めたすべての日本人が、今の社会を正しく理解して、判断する義務を負う必要に迫られている**のです。それ無くして、民主主義は成り立ちません。

こうした意味からも、すべての世代に、自分で考え、判断できる、より高度な教育が必要です。

選挙権を得た18歳から勉強したのでは遅いのです。それまでの学校教育を通して、グローバルな視点で日本が置かれている状況を理解し、さまざまな社会課題を抱える日本が今後どのような政策のもと歩むべきか、まさに正解のない問題に対して、自分なりの解を示す力が不可欠なのです。

大学への進学率も、今からおよそ50年前は2割ほどだったのですが、現在は5割を超え、都市圏では6割から7割に迫る勢いです。

「大学全入時代」とも言われ、望めばすべての人が大学の総定員内に収まることができてしまうのです。

今の大学生は本や新聞を読まなくなったなどとよく言われますが、過去のように本当に学びたい人が大学に入学していた時代とは違い、多くの学生が学問とは無縁で、大学を卒業していきます。

高校まで正解を教えてもらい、それを暗記することで、優秀ともてはやされてきた子どもたちが、大学に入った途端、自ら問いを立て、自分なりの仮説を出し、その仮説の真偽を検証するという、学び方の違いに戸惑い、挫折してしまうのです。

こうして、学びの楽しさを知らないまま、社会に飛び出していく学生が後を絶ちません。子どもたちは、**小さい頃からの学びが楽しければ、生涯にわたって勉強をし続けます。**

未だかつて自分で考える力がこれほど求められた時代はありません。

生涯にわたって学びを楽しみながら継続できる子どもたちを育てる。それこそが教育者に求められる一番の力ではないでしょうか。そのためには、教師自らが学び続ける、つまり、「**教える専門家から学びの専門家**」**へと変わる必要がある**のです。

第 5 章

対談 21世紀を生きるための教育とは

出口 汪×木村泰子

◉──急激に変化する社会を生きるための教育を

出口 昨年夏、ある大学で自主上映された映画「みんなの学校」の中で、木村先生の奮闘ぶりを拝見し、私自身が長年、頭に描いていた理想の教育を、こんな風に実践している小学校があるのかと、大変感銘を受けました。

木村 ありがとうございます。まさか私たちが当たり前だと思っていた日常に、これほど多くの方が関心をお寄せくださるなんて、思ってもみませんでした。

出口 ２００６年に開校した大空小学校は、「10年後の社会で生きてはたらくために、子どもたちがどんな力を身に付けるべきか」という問題意識の下、教職員のみなさんが対話を重ねて教育方針をつくられたそうですね。今年でちょうど10年が経ちましたが、当時、木村先生は10年後の社会はどんな世の中になると想像していましたか。

木村　「国際社会の顕著化」というのが一つのキーワードでした。当時から国際化、最近はグローバル化と呼ばれていますが、そういった言葉を耳にしていました。しかし、まだ普段の生活の中で、国際社会というものを実感できてはいませんでした。日本を訪れる外国人観光客も、今の半分くらいだったと思いますし、「爆買」なんて言葉もありませんでしたから。

でも、10年という期間は、小学校の教職員にとっては、何かが変化するには十分な時間という感覚でした。だって、子どもたちって1年間でものすごく成長するじゃないですか。その10倍って考えたら、確実に今とは違う社会になると考えていました。

具体的には「**世界中の多様な価値観を認め合い、さまざまな個性を持ち合わせた子どもたちが、同じ場所で学び合う世の中**」という未来をみんなで思い描いていました。そして、この時に描いた未来こそが、大空小学校が目指すべき方向性を明確にしてくれたんです。

出口　それからちょうど10年が経過した2016年の4月には「障害者差別解消法」

がスタートしました。まるでこの日を予言していたかのようですね。

「インクルーシブ教育」という言葉も最近聞かれるようになりましたが、当時から意識されていたんですか。


木村 実は、私たちは学校の中で、インクルーシブ教育という言葉を使ったことはありませんでした。

「何それ?」って尋ねてしまったくらい（笑）。

グローバル社会では、外国人の子どもたちと一緒に遊んだり学んだりすることもあるだろうから、**自分とは違う子どもたちが周りにたくさんいるっていうことを、教室の中でみんなが当たり前に理解している空気を学校の中に作りたかったた**だけなんです。

出口先生は、以前からグローバル社会や情報社会を意識されて、そこで求められる力こそ「**論理力**」だとおっしゃっていますよね。

実は、大空小学校を一緒に引退した同僚と、出口先生の著書「国語の力」を読ませていただいて、

「これって、まさに私たちが大空小学校で毎日やってきたことやね!」

なんて話していたんです。

「へー、論理力って、こういうことだったんだ」

と。私たちは特に、論理力を意識した教育を大空でしていたわけではありませんが、子どもたちと一緒に教職員も養ってきた力に、新たな言葉を与えていただいた気持ちです。

出口

ありがとうございます。私の論理の定義は、いたってシンプルです。**物事の筋道を理解して説明する力**とでも言いましょうか。しかし、このシンプルな力こそ、木村先生のおっしゃる**生きる力の原動力**になると信じています。

そこで、「論理エンジン」という論理力を訓練する教材をオリジナルで開発しました。全国で二五〇〇を超える学校で採用されていて、それなりの手ごたえは感じていましたが、大空小学校のように、日常の会話や授業の中で、子どもたちの論理力を自ずと鍛えている学校があると知り、本当に嬉しかったですし、自信にも繋がりました。

一方で、最近新たな懸念を抱くようになりました。

二〇一五年、英オックスフォード大学でＡＩ（人工知能）などの研究を行うマイケル・Ａ・オズボーン准教授が発表したある論文が話題になりましたが、その中で「今後10〜20年の間に、アメリカの総雇用者の半数近くの仕事がコンピューターに取って代わられる」という衝撃的なデータに世界中が驚きました。

現在「**格差**」が社会課題の一つになっていますが、私はこれから日本でも、ＡＩの進化などにより、さらにそれが広がるのではないかと危惧しています。つまり、これからの社会では、コンピューターが肩代わりできない仕事につけるかどうかがとても重要になるからです。

今後、**単純労働は、東南アジアなどからの外国人就労者との競争により、ますますコモディティ化が進む**でしょう。これからの子どもたちには、こうした厳しい社会で戦っていく力が求められるわけです。そういう意味でも今、教育は変わらなければなりません。これからの社会が明るいものになるか、そうでないか、まさに今が岐路だと思っています。

木村　そうした社会に子どもたちが出て行った時、小学校6年間で獲得した力をどう活きた形として生きる力、はたらく力として使えるようにするか。小学校の学びは、そこをきっちりと考えていかなければなりません。

大空小学校は、急遽開校したため、予算も人も十分ではありませんでした。校歌をつくるお金がなくて、歌詞は当時の大阪区長さんに無理やりお願いして書いてもらい、体育専門の私が作曲をしたくらいですから（笑）。

それでも、「**大変な時というのは、文字通り、大きく変わるチャンス。21世紀にできる新しい学校なんだから、新しいことをやろう！**」という気持ちで、みんなが盛り上がってスタートすることができました。

そこで、改めて子どもたちの未来にどのような力が必要かを全教職員が共有して、「**みんなが学校をつくる**」**という意識**を持つことができたことが、大空小学校を良い方向に導いてくれたんだと思います。

◉常に自分自身の力を意識する

出口　映画「みんなの学校」を拝見して、いかに大空小学校が時代を先取りした教育をしてきたか、ということに驚かされました。文科省が掲げる「生きる力」を理念とした教育改革について私の意見を言いますと、方針は間違っていないと思うのですが、これを現場で実行することは非常に難しいのではないかと思っています。

学習指導要領に従った、決められた授業をこれまで行ってきた現場の先生たちは、急に新しいことをやれといわれても、戸惑ってしまうのではないでしょうか。そんな現場の状況とは裏腹に、今「アクティブ・ラーニング」といった言葉が一人歩きしてしまっている感もあり、現場には相当な焦りがあると思います。

つまり、子どもたちだけではなく、**先生たちにも考える力が求められる時代**を迎えているんです。それができなければこれからは、教員は務まらない。まさに**教員たちにも生きる力が要求されています。**

それを10年前から、木村先生お一人ではなく、すべての教職員が一丸となってやってきた大空小学校はほんとうに素晴らしいですね。

木村 大空小学校の教育実践でこだわってきたのは、「**心が動く教育をしよう**」ということでした。自分の心が動いた時って、大人でも自然に言葉が出ますよね。そんな時に発せられる自分の言葉を特に大事にしてきました。

子どもたちは、**準備のできない想定外の出来事に遭遇した時、それまで自分が蓄えていたさまざまな感情を言葉として吐き出します。**

そんな場面では、一年生にも分かりやすいように、みんなが持っている力を風船で表してみて、と聞くようにしていました。

「なあ、みんなの持ってる風船、今どんくらいの大きさ?」

するとみんな「これくらいかな?」って**自分の今の状態を意識**するようになります。

出口 言葉をたくさん獲得していくことのメリットは、目の前の世界を整理できるようになるところにあります。言葉が無かった時代、天は天でなく、地は地でなく、すべてはカオスの状態でした。人間が初めて言葉を持った瞬間、天は天、地は地として認識され、人間はカオスの状態から脱却するんです。

自分の気持ちや力といった、**形の無いものに言葉を与えることで、それまで見えなかったもの、気付かなかったものを可視化**することができます。つまり、子どもたちはみんな風船に例えることで、「自分の力」を目に見える形で常に意識できているんだと思います。

木村

そうですね。全校児童が参加するコンサートのような、みんなで一つのものをつくろうっていう時は、子どもたちに自分にとっての１００％の力を常に意識してもらいたいので、特に丁寧に尋ねます。

その時大切なことは、自分の力を人と比べないこと。**自分の持っているすべての力を一度出しきると、自分の中にスペースができ、次のことにチャレンジしたいという気持ちが自然と芽生えてくる**ものなんです。

その場で、全部出しきれなかったという子どもには、教室に戻ってから、何が残っているか、なぜ残っているのかといったことを、自分の言葉で紙に書いてもらいます。

出口 日頃の学校生活の中で、常に自分の力を意識することで、チャレンジする力が養われていく。なるほど、これが教室の中だけではなく学校全体で学ぶということですね。

また、自分の言葉を言いっぱなしではなく、手間がかかってもきちんと紙に書くというのは、大空小学校の教育の特徴の一つですね。映画の中でも、ことあるごとに子どもたちが自分の気持ちを紙に書いている姿が印象的でした。

木村 みんなで一緒に考えて、盛り上がっていると、確かにたくさんの言葉が出てくるんですが、**改めて自分一人になり、冷静になって考えた言葉こそが、本当の自分の気持ち**なんだと思います。そのために、大空小学校では、毎日その日一日を通して感じたことを「さよならメッセージ」として書いてから帰宅するんです。

出口　毎日継続することで、**自分の気持ちを人に伝えることが楽しくなり、まさに、考える力や自分を表現する力を身に付けることができる**んだと思います。その結果、子どもと先生との間のコミュニケーションが円滑になり、学級経営がうまくいくという副次的な効果もあるんでしょうね。

未来の社会を学校現場に反映する

木村　子どもたちが自分の頭で考え、自主的に行動するようになると、教師は細かなことまで指導する必要が無くなります。よく先生が子どもを指名して意見を言わせたりしますが、それでは自分の意見にはなりません。**自分の頭で考えている子どもたちは、人に自分の意見を発表することの達成感といいますか、楽しさを良く知っています。**そのため、指名なんてしなくても率先して発言するようになるということを経験的に学びました。

全校道徳を見ていただくとわかりますが、３００人くらいの大人と子どもが講堂に集まり、何か伝えたくなったらその場に立って発言します。同時に立ったら、あうんの呼吸で譲り合います。上級生が下級生に「お先にどうぞ」といった具合に。

これこそが大切な学びです。ここで**先生が邪魔して指名するから、考える機会を奪ってしまう**んです。子どもたちが話したくなるまで待つ忍耐力も教師には必要です。

出口

これこそ、**アクティブ・ラーニングの理想形**ですね。

2020年から小学校での導入が予定されている、この新しいスタイルの学び方について、今度さまざまな研修会や勉強会が開催され、先生方はそれに備えようとすることが予想されます。しかし、そうやって習得した技法を授業に用いるだけで、結局は先生が一から指導していては、本来のアクティブ・ラーニングが意図する目的がぶれてしまうんじゃないかと危惧しています。

これまでの教育の現場は、先生が正解を教えて、子どもたちは何の疑いも持たずにそれを詰め込む。頭の中に定着する知識として詰め込むことができればまだいいのですが、ただランドセルに詰め込むだけで、次の日には忘れてしまう。

だから、覚えられない子は勉強が面白くないと感じ、勉強嫌いな子ども、ひどい場合は、不登校になる子どもに育ってしまうんです。

本当に大切なのは、まずは自分の頭で考えてみて、考えがあればそれをみんなに伝えること。その時に考えがなければ、人の考えに耳を傾けてみる。そしてその考えを理解したり、共感したりすると、新たな考えが浮かんだり、考えが変わったりして、さらにそれをみんなに伝えたくなる。そういう過程を通して、子どもたちは勉強の楽しさを実感していくものです。それこそが自主性を生む種です。

木村

本当にその通りだと思います。ある日の全校道徳で、いつもは自分の意見をいうことを抑えて、司会に徹していた私が、その日は子どもたちの議論の輪に入ったんです。そうしたら、となりに座っていた子が私に向かって「校長先生、良かったなあ。今日は自分の意見言えるなあ」って言うんです。子どもは、自分の意見を言う喜びや楽しさをしっかりと分かっているんですよね。

出口　**子どもたちの学ぶ意欲を引き出し、前のめりに目の前の学びに夢中させる環境をつくることが、アクティブ・ラーニングの目的の一つ**ですが、それを忘れ、手法ばかりにとらわれていては、十分な効果は期待できません。

木村　私を含め、当時大空の教職員が、アクティブ・ラーニングを意識していたわけでも、授業が上手だったわけでもありません。何か特別なことをしていたのではなく、常に、創立時から大切にしている**4つの力とたった一つの約束を意識して、子どもに関わってきたことが結果として、主体的に学ぶ環境づくりに繋がった**のかもしれません。

出口　やはり、大空小学校が10年先取りして、小学校の役割を考えてきたことが大きいと思います。
木村先生が、悪しき習慣と言われる管理教育ですが、現実の社会を見ると、ヒエラルキーがあり、上下関係も厳しく、会社でも若い人が信頼して仕事を任せてもらえるどころか、管理され、時には潰されてしまう。そんな社会を先生たちも、マスコミなどを通じて見ているし、場合によっては、自分自身が職員室で経験してきたかもしれません。さらに、そこに生きている保護者も、子どもたちがそうした社会で生きていける教育を求めています。

こうした社会の縮図となっているのが今の学校ではないでしょうか。しかし、これから社会はどんどん変わっていきます。それに合わせて学校も変わっていかねばなりません。大空小学校が、変われたのは、**現状の社会ではなく、未来の社会を常に思い浮かべ、子どもたちが大人になった時に困らない教育を心がけた**からにほかならないと思っています。

木村 これまでなぜ周りの学校は変わろうとしないのか、ずっと疑問に思ってきました。確かに、今の社会しか見ていなかったら、変わる必要性を感じないのかもしれません。

大空小学校は、10年後の社会そのものの姿を学校の中につくろうとしたから、必然的にこれまでの常識に則った教育では立ちいかなくなったというわけですね。なるほど、スッキリしました（笑）。

出口 これまで知識偏重の教育をしてきた人からは、アクティブ・ラーニングによる学力の低下を心配する声も聞こえてきます。しかし私自身の体験からも、そうとは限らないと思っています。

僕は最初、大学受験予備校で、いかに高校生を偏差値の高い大学に合格させるか、ということを期待されて、仕事として現代文を教えていました。しかし、教えていくうちに、偏差値や受験という枠がなんだか窮屈なものに思えてきたんです。

僕が扱っていたのは、文学であり言葉。そしてそこから導かれた論理。受験テクニックを教えるのではなく、**論理力をベースに、自分の頭で考えることの楽しさを感じて欲しい**と願うようになり、講義のスタイルを変えました。

その結果、効率を求め、正解を教えて欲しいという気持ちで僕の講義を受けに来る子は、拒否反応を示すようになりました。一方で、自分で物事を考えることを実践してきた子は、「目から鱗」という反応で、**国語だけではなく他の教科の成績も伸びました。**

算数や英語、理科、社会なども、すべて言葉を使って考えますよね。そのため、国語力を鍛えることは、全教科の成績アップに繋がるというわけです。

◉木村先生の学びの原体験

出口 ところで、木村先生にとって、学びの大切さを実感した原体験はどのようなものだったんですか？

木村 私は短大で水泳部に所属し、中学の体育の教員免許を持っていたのですが、実は、小学校6年生になるまで、かなづちだったんです。もう水泳の授業が嫌で嫌で、怖くてたまらなかったんです。

出口 それは意外ですね。どうやって克服したんですか。

木村 一人の先生との出会いでした。当時私の通っていた小学校は、水泳の重点校に選ばれていて、全校児童が25メートル泳ぐという目標があったんです。それは私にとってプレッシャー以外の何物でもありませんでした。そんな時、担当してくださった先生が、学習指導要領にはない、背泳を教えてくださったんです。小学校ではクロールと平泳ぎを習得することになっていたのですが、顔を水につけるのが怖いという私の気持ちを理解してくださり、仰向きに水に浮くことから練習しました。その状態で足をバタバタしてなんとか25メートル辿り着いたんです。

出口 なるほど、型にはまった教え方をしていたら、今の木村先生はなかったかもしれませんね。

木村 はい、まさに最大の短所を特技に変えてくださった、恩人との出会いが、私の学びの原体験です。

管理しなくても子どもたちは学び合う

出口　学びを型にはめることによって、折角の子どもの力を伸ばしきれないことがあるのは残念です。同様に、これまでの学校の常識では、子どもたちを管理しないと学級経営ができないと思われてきました。先生たちも、授業が成り立たないのではないかという恐怖心で、必要以上に子どもたちを管理してしまっているんだと思います。しかし、大空小学校の子どもたちを見ていると、必ずしも**先生が厳しく管理しなくても、子どもたち同士できちんと学び合い、育ち合えるる**ということが分かります。

いろいろな個性をもった子どもたちが在籍する公立の小学校で、みんなが自分たちで考えて動くという状況は、管理教育をしていては到底つくれません。与えられた授業に受け身な姿勢で参加していては、子どもたちは自主的な力を獲得することはできませんから。

こうした教育の現場は、私も頭の中にずっと描きつづけてきた理想ですが、実際の現場に持っていった時、そんな甘いものじゃないという意見もあると覚悟していました。しかし、実際にそれを実践している学校があることは大きな励みになります。

同様に、すべての学校にとって、大空小学校は先進的な事例になると思います。「みんなの学校」というのは「みんなが一緒に考える学校」でもあるんでしょうね。


木村　先ほど、出口先生がおっしゃった、人の声に耳を傾けることの大切さですが、これは子ども同士だけに限ったことではないと思っています。

大人は何でも分かった気になって、教師と児童という立場で接してしまいがちですが、それは大きな間違いです。それが、子どもを管理するという上からの発想に繋がるんです。分かったつもりで動くのが一番危険と常に言ってきました。

私はこれまでに、本当にたくさんのことを子どもたちから教わってきたのでよく分かっているつもりです。

出口　大人が子どもから学ぶというのも、一つの大切なキーワードですね。なぜ大空小学校でそれが可能かと言えば、やはり先生一人ひとりが、子どもたち一人ひとりを見ているからにほかなりません。

多くの先生は、**子どもたち一人ひとりではなく、「子ども」という抽象的な全体に対して、管理をして教えているという意識を持ってしまいがち**です。しかし大切なことは、まさにフェイスｔｏフェイスの関係づくりでしょう。子どもたち一人ひとりと関わることで、はじめて見えてくるものがあります。その瞬間こそが、大人にとっての貴重な学びなんですよね。

大空小学校では、教職員がチームとして、子どもたちを誰一人として見捨てない。そうした姿が多くの人の心を打っているのでしょう。

木村　はい。子どもたちを何か大きな括りの中に閉じ込めてしまうから、問題が見えにくくなるんです。子どもっていう定義も、問題児っていう定義も、そんなものはどこにもないはずです。

例えば、子どもが問題を起こすと、大人はその子どもに「問題児」というレッテルを貼ります。しかし、本質は、**その言動に問題があるのであり、その子どもに問題があるのではありません。**同様に、「子ども」という大きな括りで目の前の子どもたちを見ていては、とても、一人ひとりに目をやることなどできません。

「問題児」という括りを前提にしてしまうと、どうしてもそこに子どもたちを当てはめたくなります。そもそもそんな括りは大人の都合でつくられ、子どもを管理するための箱に過ぎません。教師はそのことをしっかりと認識していかなければなりません。

◉――みんなで見るは責任の分担ではない

木村 大空小学校では、クラスは担任一人で見るものではないという考えを徹底していました。一教員が、自分のクラスに在籍する、一人ひとりが違うバックグラウンドを持った子どもたち全員の見えない力を、一人でも取りこぼすことなく鍛えられるか。そんなことできるはずがありません。そこを自覚して、一人の子どもを教職員すべての目で、多方向から見て育てようというのが大空の方針でした。

映画の中でも紹介されていますが、そのことについて、ある女性教諭はこんな風に話しています。

「みんなで見るっていうのは、決してそれぞれの責任を薄めるってことじゃない。その子の良いところをみんなが見ていれば、みんなが褒めてあげられる」

さらに言うと、大空では「みんな」は教職員だけを指す言葉ではありません。地域の人たちもしっかりと子どもたちを見てくれています。

出口　大空小学校に他の学校からやってきた先生に、そうした理念を共有してもらうのは大変じゃありませんでしたか。反発もあったのではと想像しています。

木村　おっしゃる通りです。たった一つの約束を破った際、子どもたちは校長室にやり直しをしに来ることになっていますが、最初のうち、担任の先生は「私が子どもたちに注意するだけじゃダメなんでしょうか」と納得がいかない様子でいます。

やり直しの目的は、決して謝罪ではありません。**自分の失敗を次への希望にどう活かせるか？　それを子どもたちが自分から自分らしく考えることが目的**です。

それを担任の先生一人が指導して、本当に子どもたちが100％やり直しさせることができると考えるのは、大人のエゴです。そのトラブルを、学校にとって大変な問題として扱い、子どもたちに反省させて謝罪させるのか、それとも、その原因や影響を子どもたちに考えてもらうことで、活きた学びの教材に変えることができるか、それこそが私たち教員の力量じゃないでしょうか。

出口　木村先生のユニークなところは、通常、学校はトラブルをいかに隠すかということを優先しがちですが、それをみんなで共有して学びにしてしまうところ。全然発想が違うんですよね。

木村　**トラブルを当事者だけの問題として扱うのではなく、みんなが共有して、みん**

なが考えれば、みんなの学びになります。社会に出たらトラブルだらけ。だから学校では、どんな小さなことも地域を含めたみんなが考えたらいいと思うんです。そうしたら**みんなが自分のこととして捉えて考えてくれる**ようになります。するとそのうち、**文句がいつの間にか意見に変わる**んです。だから、モンスターペアレンツも生まれません。**学校がトラブルを隠そうとするから、モンスターが生まれる**んです。

毎日の対話が論理力を鍛える

出口　木村先生は地域のみなさんとの対話を見事に行っていますね。また、日常的に先生と子どもたちがやり取りする様子を見ると、そこには、木村先生は意識はされていないかもしれませんが、子どもたちがしっかりと自分の言葉を口に出せるような配慮があります。

木村　恥ずかしながら、意識はしていません。「どうやったら、子どもたちとうまくコミュニケーションできますか」といった、質問を良くいただくんですが、本当にマニュアルなどはないんです。仮にマニュアルをつくってしまったら、そこに子どもたちを当てはめることになってしまいます。**大人の都合でつくった分類に、子どもたちをただ当てはめて評価していくほど愚かな教育はありませんから。**

出口　子どもたちが**自分の考えや気持ちを、筋道を立てて相手に分かってもらえるように説明する力こそが論理力**なのですが、これは子どもたちが先天的に持っている力ではありません。

子どもがキレたり、引きこもったりする理由の一つは、自分の気持ちをきちんと伝えることができないからです。

子どもたちが感情的になって、癇癪《かんしゃく》を起こすような時、大空小学校では、きちんと言葉で納得させようとしています。まずは子どもたちに自分の言葉で気持ちを説明するように促し、辛抱強くその言葉を待ちます。子どもたちから出てこなければ、先生が自分の考えを話して、そこから感じることを子どもに問います。

こうした丁寧な対話を行うことで、子どもたちを安心させて、大人に対する信頼を得ることができます。さらに、改めて自分の気持ちを紙に書いていますが、子どもたちは、**相手が分かってくれるという安心感も手伝い、相手に伝えたいことを理路整然と書くことができる**わけですよね。こうした毎日のやり取りが、結果として、子どもたちの論理力を鍛えているんでしょう。

自分の言葉の素となるのが論理力

出口 論理と聞くと、無機質で冷たいイメージを持たれるかもしれません。しかし、論理力の大切さをお伝えしている僕自身も、人にとって、言葉では説明できない、何か大切なものがあるということはもちろん分かっています。人間の存在自体が不条理で、言葉を越えたところに尊いものがあります。論理は人を説得することはできても、心を揺り動かすものではありません。それなのになぜ私が、論理が大切かと言うと、**論理は単なる言葉の法則なので、子ど**

ものうちに身に付けてしまえば、その後強力な武器になると思っているからです。**論理がきちんと身に付いているからこそ、論理を越えたものを意識することができるる**んです。考える元となる論理力が無いと、論理も感性も感情もすべてが入り乱れ、独りよがりになってしまい、相手に気持ちや考えが伝わらないばかりか、誤解を与えてしまうことになりかねません。

木村 人を大切にする力、自分の考えを持つ力、自分を表現する力、チャレンジする力、大空小学校が大切にしている4つの力のベースになっているのは、「**自分の言葉**」だと思っています。

そのため、全校道徳では、その日に話し合うテーマを発表したあと、「はい、10秒考えて」と言います。すると、子どもも大人も、下を向いて考え始めます。もちろん、10秒で考えが纏まるなんて思っていませんが、まずは**自分の考えを持つということを意識することが大切**だと思っているんです。

自分の考えを持ったうえで、友達の考えを聞き、さらに考える。たった45分ですが、これを毎週繰り返すことで、自分から、自分らしく、自分の言葉で伝える、という学びの空気が出来上がっていくんです。これこそが大空小学校の根幹だったと今も思っています。

出口　脳細胞が若いうちに、**正解がないテーマについて深くじっくり考えることは、とても大切**です。ぜひ木村先生とは、今後も新しい時代の教育とは何かを一緒に考えていければと思います。

おわりに

映画「みんなの学校」、そして映画の舞台となった大阪の公立小学校である大空小学校初代校長を務めた、木村泰子先生との出会いは衝撃的でした。

そこでは、日本の教育の現状を鑑みた時、到底不可能だと思われた21世紀型の教育が、まさしく実践されていたのです。

現状の詰め込み教育の前身は、江戸時代の蘭学にあります。

当時、答えはすべて欧米にあったのですが、それらはすべてオランダ語の書物として国内に入ってきました。それゆえ、西洋の学問はオランダ語の書物の翻訳にほかなりませんでした。

明治になり、日本は近代化の名の下に西洋の学問・文化を取り入れたわけですが、それはオランダ語の書物から英語の書物の翻訳となったに過ぎませんでした。

翻訳する対象が文学なのか、法律や経済なのか、自然科学や医学なのかによって、大学での学部が分かれたのです。

そして、一部の知識人が日本語に翻訳したものを、すべての日本人が何一つ疑うことなくそれを模倣したのです。

模倣の訓練として、記憶・計算が利用され、さらには大学受験においては翻訳能力として英文解釈と文法力が要求されました。そのため、小学校から膨大な知識の詰め込みを強要され、いかに速く、正確に計算できるかが競わされてきたのです。そして、文系・理系を問わず、大学受験においては、英語が重要視されてきたわけです。

世の中が大きく変化しても、こうした教育だけは頑なまでに変わることを拒否し続けてきました。多くの教員たちは自分たちが受けてきた教育にしがみつこうとしたし、受験産業がそれを後押ししてきたからです。

その結果、子どもたちは「答えは教科書の中にある」と信じ込み、何も疑うことなくそれらを吸収しようと、思考停止状態に陥りました。教師たちはその答えを一方的に子どもたちに押しつけるだけで、共に学ぼうという姿勢を見せることはなかったのです。

こうした現状に風穴を開けようと、私は今までさまざまな活動をしてきました。「論理エンジン」もその一つで、これは子どもたちが自分の考える力を付けるための言語プログラム・教材であり、それと同時に教える側の意識改革、技術改革を目指すものだったのです。

そして、変化しなければならないと考える人たちと、変化したくないとする人たちとのせめぎ合いが続いていました。

ところが、「みんなの学校」は新しい教育をいとも軽やかに実践して見せたのです。

そのことが私にとっては、大いに衝撃だったのです。

本書は教育に携わる人だけでなく、子育てに悩む保護者、人間関係に苦しむすべての社会人にとって、多くにヒントが散りばめられています。なぜなら、ここには**根源的な人間との関わり方が提示**されているからです。

教師と子どもたち、校長と教師、子どもたち同士、そして、地域の住人たちと、一人の子どもたちも排除しないと固く決意したとき、そこには切ることのできない人間関係が構築されます。

そこから、真の人間教育が始まるのです。そして、人と人とを結びつける武器は言葉です。だから、木村先生は子どもたちに言葉で語りかけ、言葉で考えさせ、そして、言葉でやり直しをさせるのです。

本書は一級の教育論であると同時に、リーダー論や組織論、啓蒙書・ビジネス書でもあり得るのです。さまざまな角度からさまざまな捉え方が可能であり、そして、どのような捉え方をしても豊穣な果実を得ることができるでしょう。

読者のみなさんに「みんなの学校」をお届けできることを何よりも幸せに、今感じています。

みなさんもぜひ「みんなの学校」の一員になってもらいたいのです。

出口　汪

本書出版にあたって

2015年2月、教員である知人の薦めから、大阪のとある公立小学校の日常を描いた「みんなの学校」というドキュメンタリー映画を観ました。その舞台となった大空小学校では、さまざまな特徴を持った個性的な子どもたちが同じ教室で学び、自分の言葉で、ありのままの気持ちを、一生懸命相手に伝えている姿が印象的でした。

しかし、何より心を打ったのは、学校内をいつも走り回る木村泰子校長（当時）をはじめとした教職員はもちろん、地域の人たちもが子どもたちにあたたかく関わる姿と、日々自分の言葉を獲得し、成長していく子どもたちの姿でした。

常に「学びの主体は子どもたち」という姿勢で、すべての教職員が愛情を持って子どもたちの声に耳を傾け、目の前で起こることすべてに対し、そこにいる子どもたち一人ひとりが、当事者であることをしっかりと意識しているように思えたのです。

今、「生きる力」や「考える力」が大切だと言われています。

文部科学省では、この「生きる力」を、学習指導要領の核に据え、それを「基礎・基本を確実に身に付け、いかに社会が変化しようと、自ら課題を見つけ、自ら学び、自ら考え、主体的に判断し、行動し、よりよく問題を解決する資質や能力」と説明しています。

また、この説明から、生きる力を養うためには、考える力が不可欠であることが伺い知れます。


大空小学校で過ごす毎日の積み重ねの中で、まさに自分の頭で考える力を獲得し、さらにはそれを生きる力へと変えていく、子どもたちの逞しさに大きな感銘を受けるとともに、生きる力、考える力とは何かを目の当たりにした気分でした。

その後も数回上映会に足を運ぶとともに、現在は退職されて、全国を行脚する木村先生の講演会でさまざまなエピソードを伺う中、改めて大空の教育こそ、今日本で求められる教育だと確信するようになりました。
この映画や木村先生のお話を、ただ感動のストーリーとして、満足しているだけではもったいない。なんとかして、この事実を教育に携わる方はもちろん、子どもの教育に悩んでいる方、ひいては組織を率いる方など、さまざまな立場の方に知っていただき、「みんなの学校」がこの社会に一つでも増えればいいと強く願うようになりました。

そこで、大空小学校の教育を改めて紹介するとともに、その教育にどのような意味が込められているのか確認し、そもそも、なぜそうした教育が今の社会に求められるのかといった点を、論理的に整理しておく必要性を感じ、本書を企画しました。

私はこれまで教育・キャリアを扱うライターとして、大学を中心に数多くの教育現場を取材してきました。
そこで出会ったのが、「論理エンジン」の開発者であり、カリスマ現代文講師として、これまで800万人以上の受験生に影響を与えてきた出口汪先生です。
出口先生は、インタビューや講演、そして数々の著書の中で、わかりやすく筋道を立てて、現代社会の立ち位置を解説し、未だかつて誰も経験のしたことがないこの社会を生きるためには「考える力」が不可欠で、そのベースとなるのが「論理力」であると説明しています。

そこで、木村先生が教職員一丸となって行ってきた大空小学校での教育実践と、出口汪先生の理論から、「21世紀に求められる力を養う教育とは何か」というテーマに迫ろうと思ったのです。

「正解がない時代」と言われるご時世を反映し、本書は特定の問題に対して、明確な正解を示すものではありません。ましてやマニュアル本でもありません。しかし、読者の皆さん一人ひとりが、自分なりの「納得解」を得られるよう、たくさんのヒントや、考えるきっかけをちりばめたつもりです。

最近の大学改革を見続けていると、そこには社会からの要請が色濃く反映されていることが良く分かります。中でも顕著なのが、アクティブ・ラーニングの導入です。そしてその代表的なメソッドとして「問題発見・解決型学習」が取り入れられ、ＰＢＬ（Problem-Based Learning）として多くの大学に普及するようになりました。

「自ら課題を見つけ、自ら学び、自ら考え、主体的に判断し、行動し、よりよく問題を解決する資質や能力（生きる力）」は、企業からも採用したい理想の人材像としてしばしば挙げられる力です。

その結果、そうした力を養うため、アクティブ・ラーニングに過度とも思える期待が寄せられ、２０２０年からは小学校にも正式に導入されることが決まっています。

「社会が求めている力だから、それを学校が教える」

一見筋が通ったストーリーに聞こえるかもしれません。しかしこれはあくまで、筋書きです。そうした社会を実際に生きるのは私たち一人ひとりです。

そのため、新しい教育をただ与えられるまま受け入れるのではなく、その意味までを大人が真剣に考え、納得した上で、子どもたちが自分自身のストーリーを主体的に描けるよう、新たな世代に学びの楽しさを伝えていただきたいと願っています。

これまでは正解を追い続け、いかに多くの正解を頭の中に詰め込むことができるかを競い、その勝者が一流と言われる大学に進学してきました。しかし勉強のゴールを、大学合格だと教えられてきた受験生の多くは、そこで学ぶことの興味を失ってしまう。結果、何となく大学生活を過ごし、就職して社会に出ていきます。

そこで待ち構える、これまで努力し、獲得してきた知識や暗記力では太刀打ちできない、地球規模のさまざまな問題に右往左往してしまい、自分の居場所や役割を見失ってしまう。

こうした矛盾を解消し、これからの時代を、自分の頭で考え、自分らしく生きる力を獲得することで、幸せに生きられる人が一人でも増えるよう、本書を送ります。

企画・構成　丸山　剛

木村泰子　きむら・やすこ

大阪市出身。武庫川学院女子短期大学（現武庫川女子大学短期大学部）卒業。「みんながつくる みんなの学校」を合い言葉に、子ども、保護者、地域住民、教職員一人ひとりがつくる大阪市立大空小学校の初代校長を9年間にわたり務めた。特別な支援を必要とする子どもも同じ教室でともに学び合い育ち合う「すべての子どもの学習権を保障する学校」として、その取り組みを描いたドキュメンタリー映画「みんなの学校」が話題を呼んでいる。2015年春、45年間の教職歴をもって退職。現在は全国各地での講演活動、教員研修、執筆などで多忙な日々を送る。著書に『みんなの学校が教えてくれたこと』（小学館）がある。

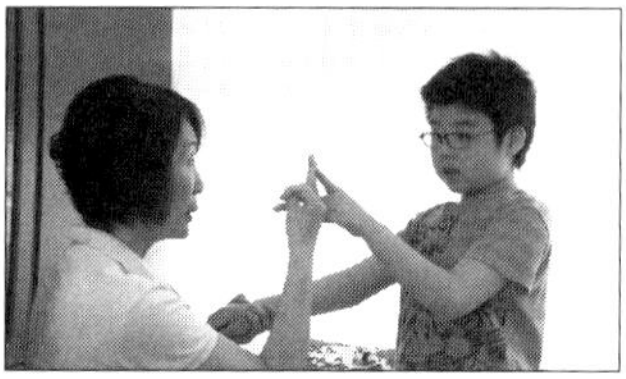

©関西テレビ

出口 汪　でぐち・ひろし

関西学院大学大学院文学研究科博士課程単位取得退学。広島女学院大学客員教授、論理文章能力検定評議員。現代文講師として、入試問題を「論理」で解読するスタイルに先鞭をつけ、受験生から絶大なる支持を得る。そして、論理力を要請する画期的なプログラム「論理エンジン」を開発、多くの学校に採用されている。現在は受験界のみならず、大学・一般向けの講義や中学・高校教員の指導など、活動は多岐にわたり、教育界に次々と新機軸を打ち立てている。著書に『出口汪の「最強！」の記憶術』『出口汪の「最強！」の書く技術』『出口先生の頭が良くなる漢字』『芥川・太宰に学ぶ心をつかむ文章講座』（以上、水王舎）、『出口汪の「日本の名作」が面白いほどわかる』（講談社）、『ビジネスマンのための国語力トレーニング』（日経文庫）、『源氏物語が面白いほどわかる本』（KADOKAWA）など。

●公式ブログ
「一日生きることは、
　一日進歩することでありたい」
http://ameblo.jp/deguchihiroshi/

●オフィシャルサイト
http://www.deguchi-hiroshi.com/

●ツイッター
@deguchihiroshi

［企画・構成］ 丸山 剛　まるやま・ごう

愛知県出身。慶應義塾大学文学部卒業。株式会社クリックネット代表取締役。特定非営利活動法人グラスルーツ理事。ライターとして、教育、キャリア分野を中心に、取材・執筆を行う傍ら、社会貢献活動の一環として、学生、社会人の学び合いの場「まなび創生ラボ」および食育の場「東日本橋SHOKUTAKU」を主宰。また対話によるコミュニケーションを重視し「銀座哲学カフェ」を運営。2016年4月より、立教大学大学院21世紀社会デザイン研究科に在籍しソーシャルデザインを学ぶ。学び続けること、社会と関わり続けることが、人生の幸福度を高めると信じ、自ら実践中。

不登校ゼロ、モンスターペアレンツゼロの小学校が育てる

21世紀を生きる力

2016年8月10日　第1刷発行
2018年2月10日　第2刷発行

著　者　木村泰子・出口 汪
企画・構成　丸山 剛
発行人　出口 汪
発行所　株式会社 水王舎
東京都新宿区西新宿6-15-1
ラ・トゥール新宿511　〒160-0023
電話03-5909-8920

ブックデザイン　福田和雄（FUKUDA DESIGN）
イラスト　ばしこ。
編集統括　瀬戸起彦（水王舎）

本文印刷　日之出印刷
カバー印刷　歩プロセス
製　本　ナショナル製本

Printed in Japan
ISBN978-4-86470-058-0

http//www.suiohsha.jp

水王舎の本

国語が変わる

出口 汪 著

答えは「探す」から「創る」へ
わが子の学力を伸ばす方法

2020年以降の大学入試制度は激変！
子どもにとってこれから必要な学力とは何か？
それをどのように獲得すべきか？を、明快に解説。
すべての教科の土台となる国語力をつければ受験を制す。

●定価（本体1400円＋税）　●ISBN 978-4-86470-040-5